JENNIFER BRINKER
@UNWISSEND_SCHOEN

DAS GRUNDLAGENBUCH SFX-MAKE-UP

SPECIAL EFFECTS MAKE-UP FÜR HALLOWEEN, COSPLAY, KOSTÜMPARTYS & CO

Inhalt

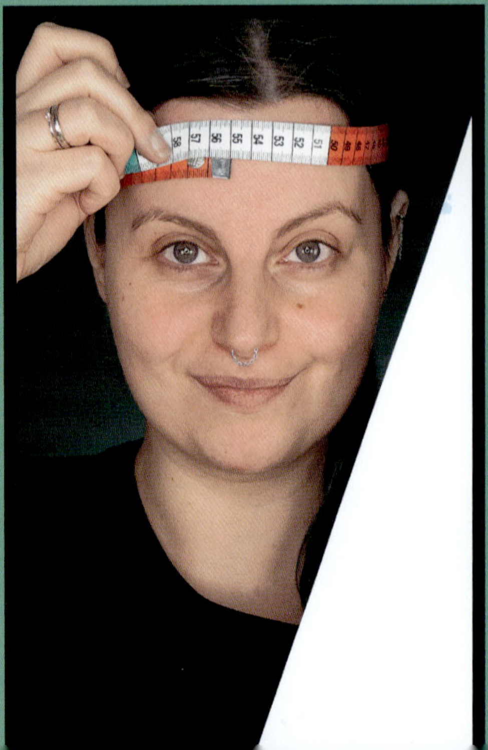

KAPITEL 3: SCHRITT FÜR SCHRITT ZUM LOOK 56

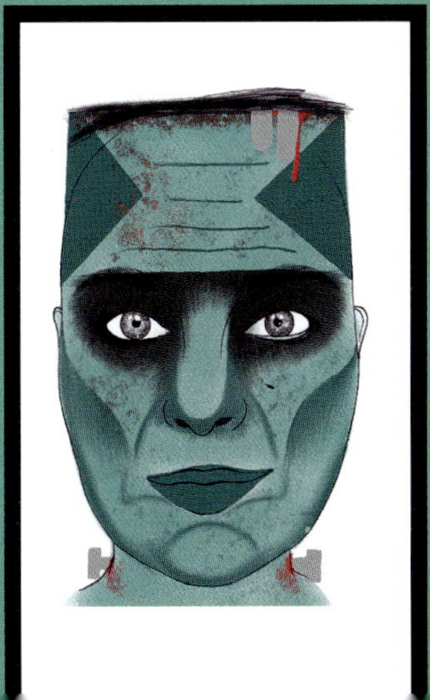

Vorwort

Vor einiger Zeit durchlebte ich eine sehr dunkle und schwierige Phase: Das Licht war fort, die Welt schien nur noch aus Grautönen zu bestehen, mein Leben wirkte eintönig. Freude und Leidenschaft hatten keinen Platz mehr in meinem Herzen.

Nach einem mentalen und körperlichen Zusammenbruch wusste ich: So kann es nicht weitergehen! Ich brauchte eine Leidenschaft, eine Möglichkeit, um meine Persönlichkeit zu entfalten. Ein Hobby, welches mir ganz entspricht und mich erfüllt. Und ich habe es gefunden: SFX-Make-up, Face- und Bodypainting haben sowohl im übertragenen Sinne als auch wortwörtlich die Farbe zurück in mein Leben gebracht. Dabei blühe ich auf, gewinne an Selbstbewusstsein und kann mein kreatives Talent entfalten.

Mit diesem Buch möchte ich dir nicht nur mein Hobby ans Herz legen, sondern dir auch zeigen, wie du ganz einfach tolle SFX-Make-up-, Face- oder Bodypaintlooks kreieren kannst. Ein Schwerpunkt des Buches liegt auf der Einführung in die Grundlagen und Tools, die dich zum Erfolg bringen. Das Wissen habe ich mir über die Jahre auf unterschiedliche Art und Weise angeeignet, was viel Zeit und Ressourcen in Anspruch genommen hat. Mit diesem Buch möchte ich mein Wissen bündeln und es dir ermöglichen, leichter in das Thema einzutauchen.

Von meinen Zuschauer:innen weiß ich, dass viele sich nicht trauen, einen SFX-Make-up-, Face- oder Bodypaintlook selbst zu kreieren. Oft fehlt es an Selbstbewusstsein und die Angst zu versagen macht sich breit. Mein Name @unwissend_schoen kommt nicht von ungefähr. Ich habe selbst bei null angefangen. All mein Wissen habe ich mir durch ständiges Praktizieren angeeignet, ich habe meine eigenen Techniken gefunden und einfach experimentiert. Dabei habe ich weder eine Make-up-Artist-Ausbildung gemacht noch eine Maskenbildnerei besucht. Du siehst: Alles ist möglich! Das Einzige, was du benötigst, ist der Wunsch, es zu lernen! Ich bin auch heute noch kein Profi und meine Lern-Reise geht weiter. Umso mehr freue ich mich, mein bereits erlangtes Wissen mit dir zu teilen.

Lass dich von meinen Tipps und Looks inspirieren und lege los – so findest auch du die Technik und den Stil, die zu dir passen. Lass uns gemeinsam in die großartige Welt der kreativen Make-up-Kunst eintauchen und lerne meine persönliche Leidenschaft kennen und lieben! Halte auf den Seiten nach Barcodes Ausschau – diese halten einige Überraschungen für dich bereit.

Auf Instagram, Tiktok und YouTube unter @unwissend_schoen entdeckst du weitere spannende Looks und erhältst Einblick in mein Leben. Du kannst auch gerne mit dem Hashtag #unwissendKreativ deine Looks mit meiner Community und mit mir teilen.

Viel Spaß beim Lesen und Schminken!

Das erwartet dich in diesem Buch

Wir erinnern uns sicher alle noch an unsere Kindertage zurück, als wir uns auf einem Flohmarkt oder Stadtfest einen Schmetterlings- oder Spiderman-Look haben schminken lassen. Kinderschminken ist bis heute total im Trend. Jedes Kind liebt es, sich in etwas verwandeln zu lassen und in Fantasiewelten einzutauchen. Und genau dieses Kind lebt immer noch in dir!

In diesem Buch findest du DIY-Rezepte für kleinere Accessoires sowie detaillierte Anleitungen für Last-Minute-Looks und aufwendiges Gesichts-Make-up. Aber bevor es zu den Schritt-für-Schritt-Anleitungen geht, stelle ich dir im Grundlagenteil die Farben und Tools vor, die du für deine Looks verwenden kannst.

Die Anzahl der Pinsel bei den einzelnen Looks signalisiert dir den Schwierigkeitsgrad.

Das Uhrsymbol dient dir als Orientierung, um den zeitlichen Aufwand für DIYs und Make-up einschätzen zu können.

Einige Looks benötigen sogar mehrere Tage zur Vorbereitung. Aber lass dich davon nicht abschrecken oder verunsichern. Spaß steht an oberster Stelle! Fang am besten klein an und steigere dich mit jedem weiteren Look.

HINWEIS: SFX ist die Abkürzung für Special Effects und wird für visuelle Illusionen genutzt. Diese kennt man aus Film, Theater und anderen künstlerischen Medien. Facepaint-Looks kennen wir z. B. aus Kindertagen, als uns vorwiegend das Gesicht oder ein Teil davon bemalt wurde. Im Gegensatz dazu wird beim Bodypaint-Look der gesamte Körper oder ein großer Körperbereich in den Verwandlungsprozess integriert. Diese Anwendung kommt oft in Kunst und Mode oder bei Events vor. Die drei Formen können auch gut miteinander verbunden werden.

KAPITEL 1

Materialkunde und Grundlagen

Deine Haut ist die Leinwand

Fettige Haut führt dazu, dass Farben und andere Materialien beim Schminken ungleichmäßig aufgetragen werden und schmierig aussehen. Bei trockener Haut zieht die Farbe zu stark ein und sieht fleckig aus. Am besten pflegst du deine Haut ca. 15 Minuten vor dem Schminken mit einem feuchtigkeitsspendenden Produkt, welches nicht auf Öl basiert, um deine Haut gut vorzubereiten.

Im Folgenden werden einige Produkte genannt, auf die deine Haut allergisch reagieren könnte. Solltest du die Produkte das erste Mal auf deiner Haut verwenden, suche dir eine kleine Stelle auf deiner Hand oder deinem Arm und tupfe dort einen Tropfen des Produkts auf. Gibt es keine allergische Reaktion, probiere das Gleiche noch einmal in deinem Gesicht oder am Hals aus. Wenn auch dort nichts Auffälliges passiert, dürfte alles „im grünen Bereich“ sein.
Wenn du während des Schminkens eine plötzliche, starke Hitze oder einen extremen Juckreiz feststellst, beende den Prozess und entferne sämtliche Produkte von deiner Haut.

TIPP: Hast du Probleme, vor einem großen Spiegel spiegelverkehrt zu denken und zu handeln? Ich auch! Benutze anstelle eines Wandspiegels einen Handspiegel. Mit diesem denkst du nicht darüber nach, wie du deine Hand bewegen musst. Zudem kannst du den Spiegel so positionieren, wie es dir am besten passt. Probiere es aus!

Farben

Farben haben je nachdem, auf welcher Grundsubstanz sie beruhen, verschiedene Eigenschaften. Für verschiedene Zwecke ist es daher sinnvoll verschiedene Farben zu verwenden. Für die Anleitungen in diesem Buch sind vier verschiedene Arten von Farben von Bedeutung.

WASSERBASIERTE FARBEN

Wasserbasierte Farben bestehen aus Pigmenten, Wasser und anderen Verdünnungsmitteln. Sie trocknen schnell auf der Haut und sind leicht mit Wasser und Seife wieder zu entfernen. Diese Farben sind leicht aufzutragen, können gut gemischt werden und bieten ein breites Spektrum an Farbtönen. Sie sind hypoallergen, also hautfreundlich, und eignen sich gut für den Einsatz auf dem gesamten Körper.

Wasserbasierte Farben werden in Form von trockenen, festen Farbtabletten oder Farbstücken geliefert. Vor der Anwendung müssen sie mit Wasser aktiviert werden. Besprühe die Farbe mit Wasser und rühre sie mit einem Pinsel vorsichtig an, bis sich eine cremige Konsistenz bildet. Nun kannst du die Farbe auf die Haut auftragen. Trage mehrere Schichten auf, um die Farbintensität zu erhöhen, oder mische verschiedene Farben miteinander, um besondere Farbtöne zu erhalten.

ÖLBASIERTE FARBEN/CREMEFARBEN

Ölbasierte Farben enthalten Pigmente, die mit Öl oder Wachs angerührt sind. Sie trocknen langsamer als wasserbasierte Farben und sind auf der Haut länger haltbar. Diese Farben haben eine hohe Deckkraft und sind wischfest – vorausgesetzt, man hat sie richtig aufgetragen. Sie eignen sich besonders gut für detaillierte Arbeiten. Die Farben können gut mit einem Pinsel auf die Haut aufgetragen werden. Aufgrund ihrer Öl-Basis sind sie jedoch schwerer von der Haut zu entfernen und erfordern spezielle Reinigungsmittel.

Ölbasierte Farben haben eine dickere Konsistenz. Sie sind schwerer aufzutragen als wasserbasierte Farben. Die Farbe muss langsam und gleichmäßig aufgetragen werden, um ein gutes Ergebnis zu erzielen. Sie muss vollständig trocknen, bevor weitere Schichten oder andere Materialien ergänzt werden können. Es kann relativ lange dauern, bis die Farbe vollständig getrocknet ist. Trage am Ende ein Fixierspray oder ein transparentes Puder auf, um die Farbe zu versiegeln und den Look haltbarer zu machen. Transparentes Puder hilft auch, ungewollten Glanz zu verringern.

ALKOHOLBASIERTE FARBEN

Alkoholbasierte Farben bestehen aus Pigmenten, die in einer alkoholischen Lösung aufgelöst sind. Sie sind in der Regel hochpigmentiert, wasserfest und langanhaltend. Alkoholbasierte Farben haben eine ausgezeichnete Deckkraft und lassen sich leicht mischen, um verschiedene Farbtöne und Effekte zu erzielen. Sie trocknen schnell auf der Haut und halten lange, auch unter extremen Bedingungen wie Hitze oder Feuchtigkeit. Diese Farben müssen vor der Anwendung mit Alkohol aktiviert werden. Der Alkohol verdunstet schnell und ermöglicht ein schnelles Trocknen auf der Haut. Die Farben erfordern jedoch eine gewisse Erfahrung und Vorsicht bei der Anwendung, da sie nicht so leicht mit Wasser entfernt werden können und spezielle Reinigungsmittel erforderlich sind.

UV-REAKTIVE FARBEN

UV-reaktive Farben enthalten fluoreszierende Pigmente, die unter Schwarzlicht leuchten. Sie sind in wasser- oder gelbasierter Form erhältlich. Diese Farben erzeugen lebendige und leuchtende Effekte. Sie sind oft transparent und können über andere Farben oder Designs aufgetragen werden, um diese im Dunkeln zum Leuchten zu bringen. Genau wie die wasserbasierten Farben können die UV-reaktiven Farben mit Wasser und Seife leicht entfernt werden.

Je nach Produkt muss die Farbe erst mit Wasser aktiviert oder kann sofort als Gel aufgetragen werden.

TIPP: Es gibt sehr kostspielige Versiegler für Farben, damit die Looks bei starker Belastung halten, z. B. wenn du sie lange trägst, stark schwitzt oder in den Regen gerätst. Ich bin bisher sehr gut ohne diese Produkte ausgekommen und die Farbe hat trotzdem gut gehalten.

TIPP: Versuche selbst, Farbtöne zu mischen! Du kannst dabei sämtliche Farben miteinander mischen, solange die Farben aus derselben „Familie“ stammen – also wasserbasierte mit wasserbasierten Farben, ölbasierte mit ölbasierten Farben usw. Sollte dir mal ein bestimmter Farbton fehlen, leg los! Die „Farbenlehre“ ist dir dabei eine gute Richtlinie.

Pinsel

Pinsel ist nicht gleich Pinsel. Sowohl die Form als auch die Qualität eines Pinsels ist ausschlaggebend für das Ergebnis. Feine Pinsel aus synthetischen Haaren verkleben leicht. Sie verlieren beim Malen schnell ihre Struktur und versagen unter Umständen dort, wo Borstenpinsel tolle Effekte zaubern. Jedoch sind synthetische Haare wunderbar für feinste Details. Daher empfehle ich dir, die verschiedenen Pinselarten und -techniken einfach auszuprobieren. Oft scheitert man nicht aufgrund seines Könnens, sondern wegen des gewählten Tools!
Ich selbst habe mit einem günstigen Pinselset angefangen und die Pinsel zum Teil für meine Looks zurechtgeschnitten. Man muss sich nicht sofort die teuersten Tools kaufen, man kann durchaus auch kostengünstig einsteigen. Ich habe dir ein paar meiner Favoriten herausgesucht, die ich für fast jeden Look verwende. Am besten tastest du dich selbst an die verschiedenen Pinsel heran und lernst ihre jeweiligen Vorteile kennen.

KATZENZUNGENPINSEL

Der Katzenzungenpinsel hat eine abgerundete Spitze mit leicht abgeflachten Seiten, die an die Form einer Katzenzunge erinnert. Diese spezielle Form ermöglicht eine vielseitige Anwendung und unterschiedliche Pinselstriche. Sie ist ideal für präzise Details, weiche Übergänge und eine Vielzahl von Maltechniken.

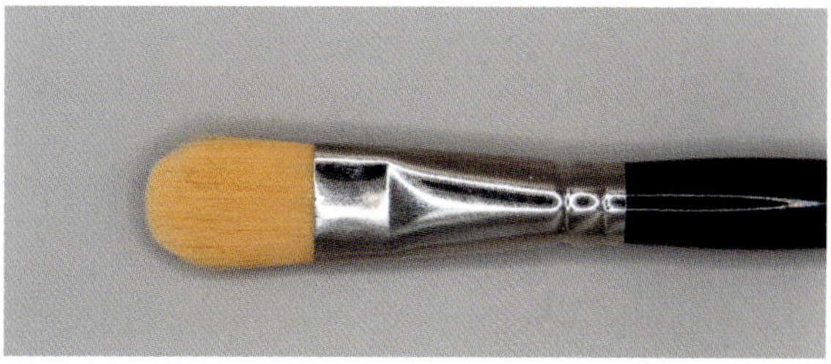

FLACHPINSEL

Den Flachpinsel kennen wir alle aus unserer Schulzeit. Er hat eine flache Form und eine breite Spitze, die ideal ist für das Bemalen großer Flächen oder für breite Pinselstriche, aber auch für Linienzeichnungen geeignet ist.

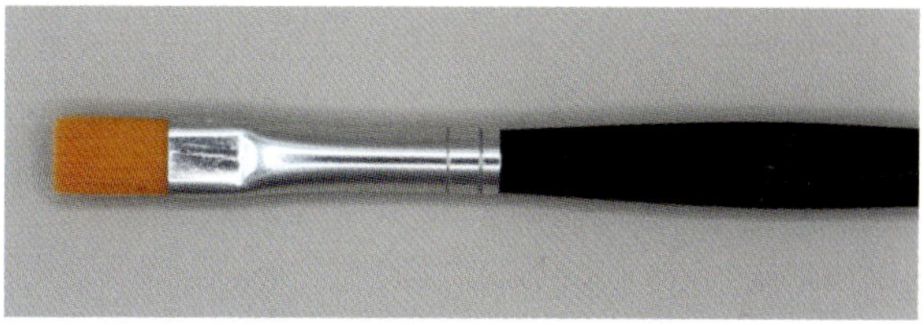

ECKMALER-/KORREKTURPINSEL

Ein Eckmalerpinsel ist ein spezieller Pinsel, der für das Malen von Ecken oder Kanten entwickelt wurde. Der Pinsel hat eine abgewinkelte, schräge Form. Damit können Linien entlang von Kanten und schwer zugängliche Bereiche sauber gemalt werden. Dieser Pinsel ist auch perfekt als Korrekturpinsel nutzbar. Kleine Fehler oder Unvollkommenheiten können mit der feinen Spitze korrigiert oder kaschiert werden.

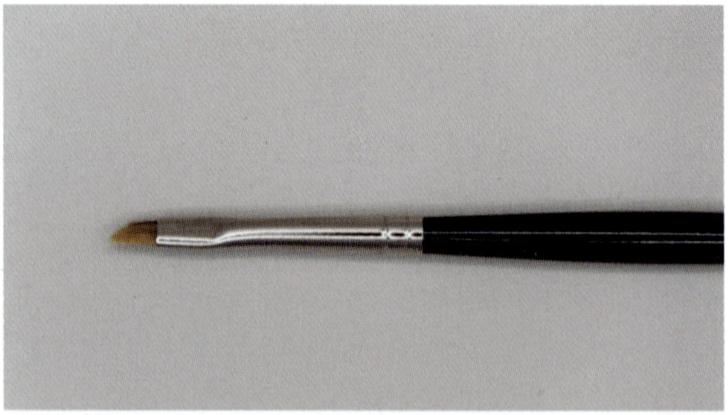

RUNDSPITZPINSEL

Der Rundspitzpinsel hat eine abgerundete Spitze, die es ermöglicht, feine Linien und breite Striche gleichermaßen zu malen. Die Form der Spitze ermöglicht eine präzise Steuerung und Variation der Pinselstriche je nach Druck und Neigung.

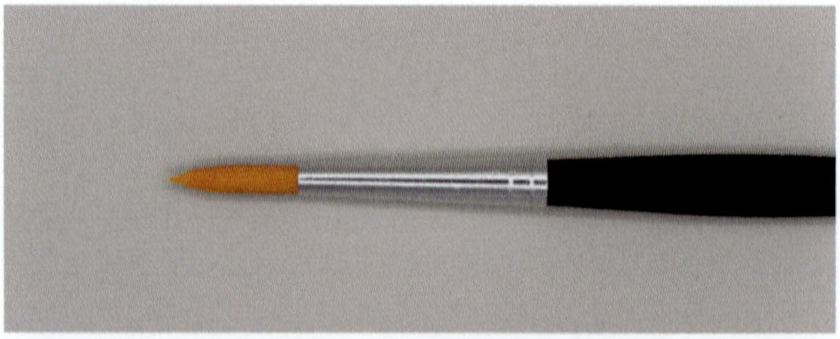

EFFEKTPINSEL

Es gibt einige coole Effektpinsel, die verschiedene Maltechniken ermöglichen. Effektpinsel eignen sich gut, um z. B. Strukturen wie Haare, Fell oder Gras zu zeichnen.

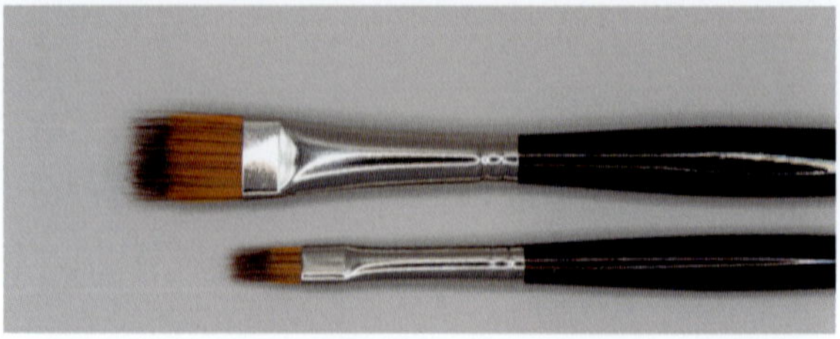

FÄCHERPINSEL

Der Fächerpinsel ist ein Effektpinsel. Die Besonderheit sind die langen Spitzen und die Fächerform, wodurch Lücken zwischen den einzelnen Pinselhaaren entstehen und gleichmäßig kurvige Linien gezogen werden können.

SILIKONPINSEL

Der Silikonpinsel ist zwar nicht zum Auftragen von Farben geeignet, dafür aber das perfekte Tool in Kombination mit Latex sowohl direkt auf der Haut als auch beim Modellieren von Prothesen und Masken.

Schwämme

Verschiedene Schwämme bringen unterschiedliche Vorteile mit sich. Zum Auftragen des Make-ups eignen sich normale Make-up-Schwämme, wie es sie in Drogerien zu kaufen gibt. Andere Schwämme können für besondere Effekte eingesetzt werden.

RUNDER SCHWAMM

Der runde Schwamm ist ideal, um schnell und flächendeckend zu arbeiten. Du kannst den Schwamm auch zerschneiden und daraus eigene Formen herstellen, z. B. für einen Schmetterlingsflügel.

STOPPELSCHWAMM

Der Stoppelschwamm hat eine grobe, ungleichmäßige Oberfläche. Mit ihm wird Farbe auf die Haut getupft. Dadurch entstehen bestimmte Texturen, z. B. können Alterungseffekte realistisch erzeugt werden oder auch Splatter-Effekte, d. h. die Farbe sieht wie gespritzt aus.

STEMPELSCHWAMM

Den Stempelschwamm gibt es in verschiedenen Formen und er wird, wie es der Name sagt, zum Stempeln benutzt.

Hilfsmittel

Es gibt noch andere Tools, die deinen Look besonders machen. Auch Haushaltsmaterialien, die die meisten zuhause haben, können super zweckentfremdet und für den Look genutzt werden.

FRISCHHALTEFOLIE

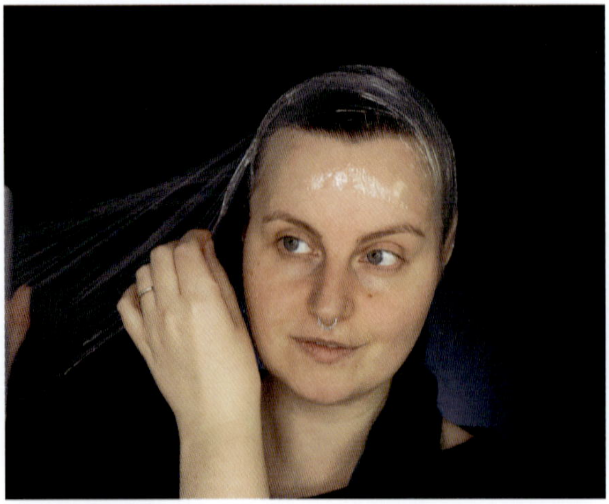

Frischhaltefolie ist nicht nur für Effekte, sondern auch für bestimmte Arbeitsprozesse äußerst nützlich. Sie ist ein tolles Hilfsmittel bei der Herstellung von Prothesen. Zudem kann aus Frischhaltefolie eine einfache und günstige Glatzenkappe gefertigt werden (S. 34).

ALUFOLIE

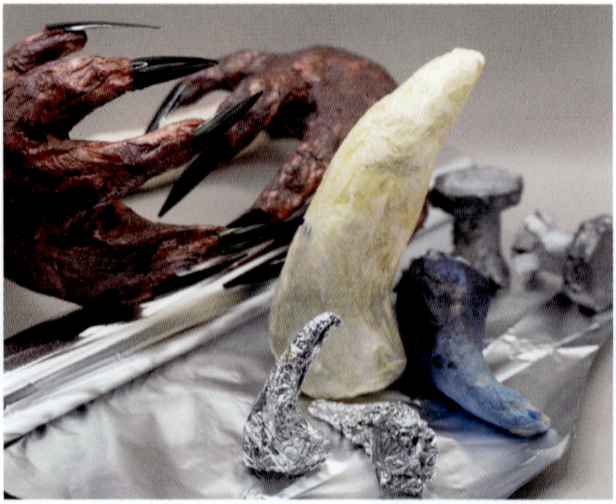

Aus Alufolie lassen sich super Prothesen, Masken oder Gegenstände formen, indem du sie zerknüllst, formst und biegst, wie du sie brauchst. Bearbeite sie anschließend noch mit Latexpaste, Flüssiglatex, Watte oder Kosmetiktüchern und Farbe.

KARTON/PAPPE

Wie viele Kartons habe ich bereits für meine Looks zurechtgeschnitten und verarbeitet! Versandkartons sind schnell zurechtgeschnitten und ausreichend stabil, um z. B. Hasenohren zu erstellen.

LEBENSMITTEL

Auch Lebensmittel können für die Looks verwendet werden. Zum Beispiel kannst du aus Mehl und Flüssiglatex (S. 22) eine Latexpaste erstellen, mit der du eigene Prothesen und Masken kreieren kannst. Wenn du Reis oder Haferflocken mit Latex auf deine Haut klebst, ergibt sich eine Zombiehaut.

VASELINE

Vaseline ist ein Hautpflegeprodukt, welches dir bei deinen Looks als Schutzbarriere dient. Die weiche, fettige Creme schützt deine Haut und deine Haare und kann zum sanften Entfernen von Make-up und Klebstoffen dienen.

KOSMETIKTÜCHER

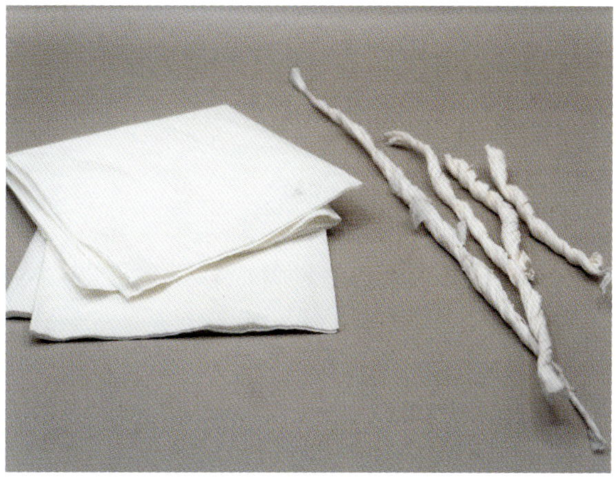

Kosmetiktücher sind oft dreilagig und die Lagen lassen sich einfach voneinander trennen. Dadurch erhält man sehr feine Tücher, die sich beispielsweise für die Herstellung von Prothesen eignen. Kosmetiktücher kann man auch in feine, wurmförmige Schnüre drehen und damit Strukturen auf Prothesen oder der Haut auftragen.

HEISSKLEBEPISTOLE UND HEISSKLEBER

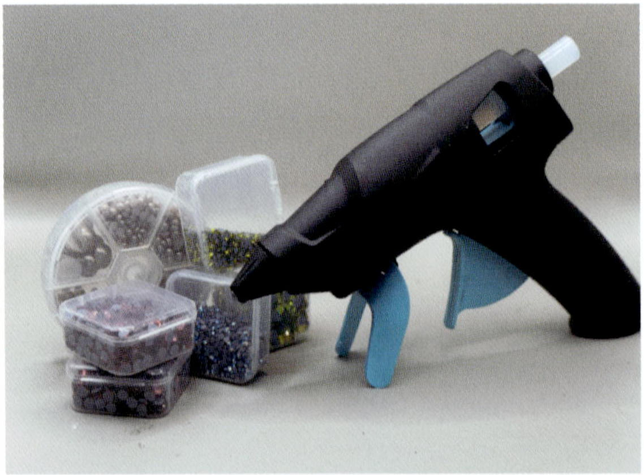

Mit Heißkleber lassen sich die DIYs für die Looks verkleben. Außerdem können damit Formen und Strukturen, wie Tränen, Streifen oder Hautstrukturen auf Prothesen aufgetragen werden. Heißkleber solltest du aber nicht direkt auf die Haut oder das Gesicht auftragen!

WASSERLÖSLICHER BASTELKLEBER

Der typische Bastelkleber aus Schulzeiten – ganz wichtig: wasserlöslich! – ist super dafür geeignet, deine Haare (z. B. Augenbrauen) zu schützen. Wenn du mit Farbe über deine Augenbrauen malst, wirst du immer die Haare durch die Farbe hindurchsehen. Um dies zu verhindern, werden die Augenbrauen abgeklebt. Eine Schritt-für-Schritt-Anleitung hierzu findest du auf Seite 28.

WATTE

Watte ist ein vielseitiges Hilfsmaterial. Sie kann in loser oder gepresster Form gekauft werden oder auch als Stäbchen, Kugeln, Platten usw.
Um Watte in deine Looks erfolgreich einbringen zu können, benötigst du entweder Flüssiglatex oder Hautsilikone. Mit Watte kannst du Illusionen von blutigen Verletzungen erzeugen, z. B. tiefe Wunden, Schnittwunden oder sogar abgerissene Haut.
Du kannst Watte frei formen und modellieren, sodass du Schwellungen und Beulen auf der Haut simulieren kannst. Zudem kannst du Alterungseffekte wie auch Gesichtsformen mit Watte nachbilden.
Watte kann jedoch auch das perfekte Haftmittel für Prothesen und Applikationen sein. Hast du einen Hohlraum in einer Prothese oder Maske, kannst du Watte als Füllmaterial benutzen, da diese nicht sonderlich schwer und angenehm zu tragen ist. Die Prothese oder Maske haftet dann besser auf der Haut.

Produkte für Spezialeffekte

Weniger ist mehr, ist eine beliebte Weisheit. Doch bei kreativen Looks kommt es auf die Details an! Es fängt mit kleinen Dingen an, wie den passenden Kontaktlinsen, spitzen Zähnen oder den Haaren. All das macht den Look realistischer und vollkommener. Bei diesen Details sollte man klein anfangen und sich in allen Bereichen gründlich ausprobieren. Es gibt Produkte, die dir dabei helfen, unterschiedliche Formen und Strukturen auf deiner Haut zu applizieren und andere Gesichtsformen anzunehmen. Viele Produkte sind sehr speziell und kostspielig. Ich werde dir die nützlichsten Produkte zeigen und erklären.

FARBIGE KONTAKTLINSEN

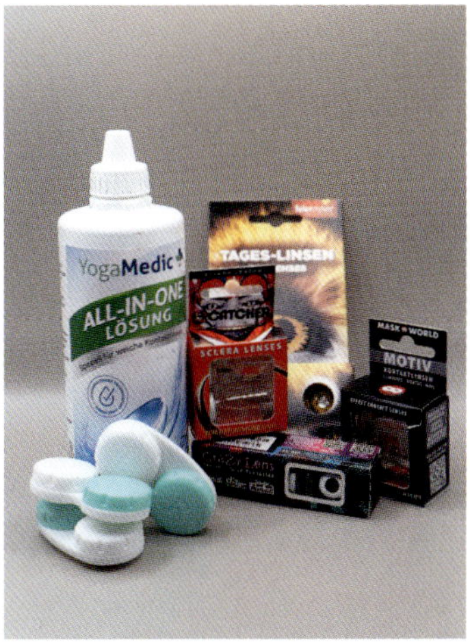

Mit farbigen Kontaktlinsen gibst du jedem Look das gewisse Etwas. Es gibt viele unterschiedliche Farben und Größen, sogar welche mit Sehstärke. Achte immer auf die Haltbarkeit der Linsen, den hygienischen Umgang mit ihnen und die richtige Aufbewahrung. Hast du noch nie Kontaktlinsen ausprobiert oder Schwierigkeiten beim Einsetzen der Linsen, empfehle ich dir mein Tutorial auf YouTube.

TRÄNENSTIFT

Das Geheimnis vieler Schauspieler:innen im Theater und Fernsehen ist der Tränenstift. Er sieht aus wie ein Lippenstift, fühlt sich auf der Haut an wie Wachs und duftet extrem nach Menthol. Sobald du den Tränenstift unter deinem Auge aufträgst, werden durch die Hautwärme Dämpfe des Menthols freigesetzt, die dein Auge tränen lassen. Es entstehen natürliche Tränen. Die Wirkung hält nur kurz an. Für einen längeren Effekt muss der Tränenstift öfters eingesetzt werden.

POLYMORPH

Polymorph ist ein formbarer Kunststoff, der in Form von Granulat verkauft wird. Es ist ein thermoplastisches Material, das bei Erwärmung weich und formbar wird. Beim Abkühlen nimmt es wieder seine feste Form an.
Polymorph wird weich und biegsam, wenn es zwischen 60 und 70 °C erwärmt wird. Sobald es diese Temperatur erreicht hat, kann es von Hand geformt, gedehnt und modelliert werden. Nachdem es abgekühlt ist, wird es wieder hart und behält seine neue Form bei Raumtemperatur bei. Polymorph ist wiederverwendbar und kann jederzeit wieder erwärmt und neu geformt werden.
Man kann Polymorph im warmen, flüssigen Zustand einfärben oder im kalten, festen Zustand mit Farbe anmalen. Ich benutze hierfür alkoholbasierte Farbe. Siehe hierzu mein Tutorial auf YouTube.

FLÜSSIGLATEX

Flüssiglatex, auch Gummi-Milch oder Latexmilch genannt, ist wie Hautwachs für verschiedene Effekte anwendbar. Anders als Hautwachs ist Latex flüssig und muss meist noch mit anderen Materialien kombiniert werden, um das gewünschte Ergebnis zu erzielen, z. B. mit Watte oder Kosmetiktüchern.
Latex kann leider zu Hautirritationen und Allergien führen. Daher ist bei der ersten Anwendung Vorsicht geboten. Ein Test an einer kleinen Stelle an deiner Hand sollte vor der ersten Anwendung gemacht werden, um zu prüfen, wie deine Haut auf Latex reagiert. Personen mit Latexallergien sollten Flüssiglatex meiden. Außerdem ist es wichtig, flüssiges Latex nicht in der Nähe der Augen oder im Mundbereich anzuwenden, da es zu Reizungen kommen kann.
Flüssiglatex ist dickflüssig und trocknet zu einem elastischen, gummiartigen Material aus. Es ist flexibel und dehnbar.
Latex kannst du am besten mit einem Silikonpinsel oder mit deinen Fingern auftragen. Du kannst auch einen Schwamm benutzen. Dieser wird allerdings nach der Anwendung nicht mehr zu verwenden sein. Achte darauf, dass kein Latex auf deine Kleidung kommt – Latex ist sehr hartnäckig und nicht wieder aus Stoff herauszubekommen. Dieselbe Vorsicht gilt für deine Haare!
Latex kann auch als Hautkleber genutzt werden: Leichte Gegenstände und Objekte können mit Latex an der Haut befestigt werden. Auch Glatzenkappen können mit Flüssiglatex angebracht werden.
Die Trocknungszeit von Flüssiglatex variiert je nach Dicke der aufgetragenen Schichten, der Umgebungstemperatur und der Luftfeuchtigkeit. In der Regel trocknet Latex innerhalb von 10–20 Minuten zu einer gummiartigen Konsistenz. Je nach Bedarf können zusätzliche Schichten aufgetragen werden, um die gewünschte Textur und Haltbarkeit zu erreichen. Benutze einen Föhn, um Latex schneller trocknen zu lassen.
Du kannst mit Latex und Mehl eine Latexpaste anrühren und auf einem Face Cast eigene Prothesen herstellen. Diese benötigen jedoch relativ lange zum Trocknen.
Das Ablösen von Latex von der Haut ist in der Regel kein Problem. Wichtig ist, dass keine Haare zwischen Haut und Latex liegen. Achte vor der Anwendung von Latex darauf, deine Haare ordentlich abzukleben (S. 28).

HAUTWACHS

Beim Hautwachs handelt es sich um ein Wachs, das auf der Haut modelliert und geformt werden kann, um verschiedene Effekte zu erzielen: z. B. um Prothesen oder Applikationen auf die Haut aufzubringen, die die Gesichtsform verändern oder Narben, Beulen, Warzen oder andere dreidimensionale Effekte erzeugen sollen. Hautwachs kann verwendet werden, um realistische Texturen und Details zu modellieren, die das Erscheinungsbild von echter Haut nachahmen.

Hautwachs ist meist farbneutral und kann leicht mit Make-up, Farben oder Pigmenten eingefärbt werden, um den Farbton an die umgebende Haut anzupassen und einen nahtlosen Übergang zwischen der Prothese und der echten Haut zu erzeugen. Bei der Arbeit mit Hautwachs ist es wichtig, Geduld und Geschicklichkeit mitzubringen, da es sorgfältig modelliert und geformt werden muss, um überzeugende und realistische Ergebnisse zu erzielen.

Hautwachs muss anfangs warm geknetet werden. Verwende Vaseline, damit das Hautwachs nicht an deinen Fingern hängen bleibt. Im Video zeige ich dir, wie du Hautwachs verwendest.

SILIKON

Silikon ist ein Polymer, das eine hohe Flexibilität, Elastizität und Haltbarkeit aufweist. Es ist ungiftig, hautverträglich und hypoallergen, was es zu einem idealen Material für den direkten Hautkontakt macht. Es ist damit eine Alternative für Personen mit Latexallergien.

Silikon kann in verschiedenen Zuständen verwendet werden, flüssig, als Paste, als Gel und als Gummi. Es kann auf die Haut aufgetragen oder in Formen gegossen werden, um detaillierte und realistische Effekte zu erzeugen. Silikonprothesen passen sich gut an die Haut an und bieten einen hohen Tragekomfort. Silikon ist äußerst flexibel und dehnbar. Silikonprothesen bewegen sich mit der Haut und können sich biegen, ohne ihre Form zu verlieren, was zu überzeugenden und lebensechten Effekten führt.

Silikon gibt es meist als Zweikomponentenmaterial, das aus einer flüssigen Silikonbasis und einem Härtungsmittel besteht. Beide Komponenten müssen gemischt werden, um eine chemische Reaktion auszulösen, die zur Aushärtung des Silikons führt. Dies kann durch einfaches Verrühren mit einem Mischstab erfolgen. Achte auf das richtige Mischverhältnis. Das genaue Verhältnis kann je nach Produkt variieren, daher ist es wichtig, die Anweisungen des Herstellers zu beachten. Das gemischte Silikon kann dann auf die gewünschte Stelle aufgetragen werden. Nachdem das Silikon ausgehärtet ist, kann es weiterbearbeitet, z. B. bemalt werden.

Alternativ gibt es noch FX-Gelatine, die in einem Wasserbad erwärmt wird und sich anschließend genauso verhält wie Silikon.

ZAHNLACK

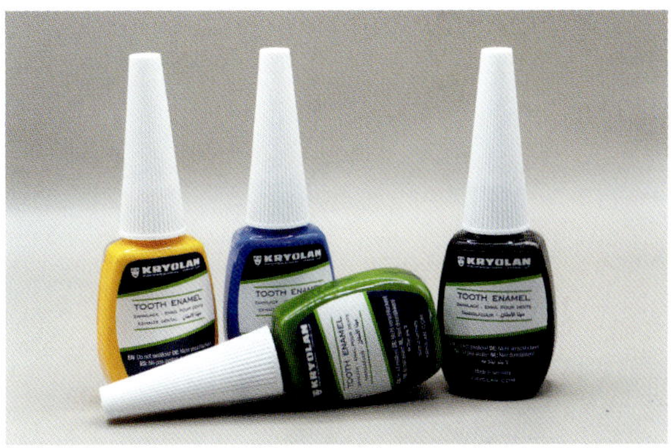

Du benötigst eine Lücke zwischen deinen Zähnen oder eine komplett andere Farbe für deine Zähne? Zahnlack macht es möglich! Auch hier gibt es wieder unterschiedliche Farben, die du verwenden kannst, um deine Zähne deinem Look anzupassen.

HAUTKLEBER UND ENTFERNER

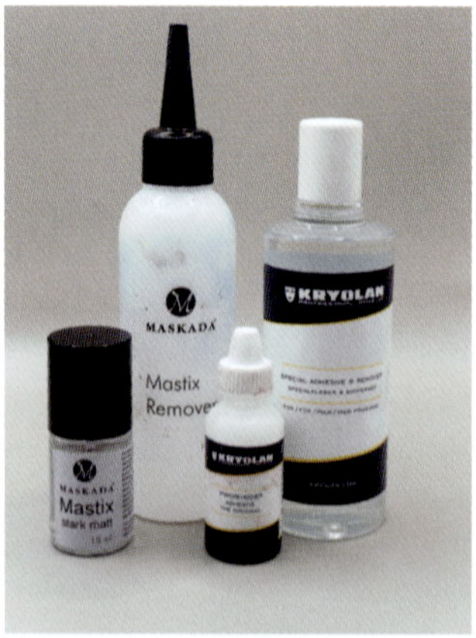

Haut- und Haarkleber sorgt für einen sicheren und stabilen Halt von Prothesen, Masken, Perücken, Haarteilen für den Bart und von anderen Requisiten auf der Haut. Dies ist besonders wichtig, wenn man sich viel bewegt, um ein versehentliches Verrutschen oder Ablösen der Teile zu verhindern.
Einige Effekte erfordern das Aufbringen von Materialien wie Latex, Silikon oder Gips direkt auf die Haut. Ein Hautkleber bildet eine Schutzbarriere zwischen der Haut und diesen Materialien, um Hautirritationen oder Allergien zu vermeiden und die Haut vor Schäden zu schützen.
Um den Kleber später schonend von der Haut zu entfernen, benutze einen Remover. Es ist dabei wichtig, sanft vorzugehen, damit die Haut nicht gereizt wird oder Schäden davonträgt. Ich benutze gern Mastix sowie den Mastix Remover.

PROTHESEN

Du kannst bereits fertige Prothesen kaufen. Sie bestehen aus verschiedenen Materialien: Latex, Silikon, Gelatine, Kunststoff, Kautschuk und sogar Metall, wie z. B. Aluminium. Die Wahl des Materials hängt von der gewünschten Textur, Flexibilität, Haltbarkeit und dem gewünschten Realismus ab.

Die Prothese wird mit Hautkleber befestigt und mit Farben, Pigmenten und Make-up weiterbearbeitet, um den gewünschten Look zu erzielen und die Prothese „nahtlos“ in die Haut zu integrieren.

FAKE-BLUT

Jeder gruselige Horrorlook braucht zumindest ein kleines bisschen Fake-Blut! Und manchmal ist Fake-Blut sogar der Retter in einer misslichen Lage.
Fake-Blut gibt es in unterschiedlichen Varianten: sehr flüssig, dickflüssig, gelartig, klumpig, hart, pudrig oder sogar „magisch“. Auch die Farbe von Fake-Blut variiert: sie geht von Rosa über Hellrot bis Dunkelrot. Und es gibt sogar Farben wie Grün, Schwarz, Gelb und Blau!
Je nach Special Effect und Look bieten sich unterschiedliche Varianten an. Ich persönlich bevorzuge dickflüssiges, gelartiges und flüssiges Fake-Blut in Dunkelrot. Zum einen, da diese meist am besten zu kombinieren sind, und zum anderen, da man sie auch einfach selbst herstellen kann. Die DIY-Rezepte dazu findest du ab Seite 43. Magisches Zauberblut und Blutpulver kannst du dir hier anschauen.

AUGENBLUT

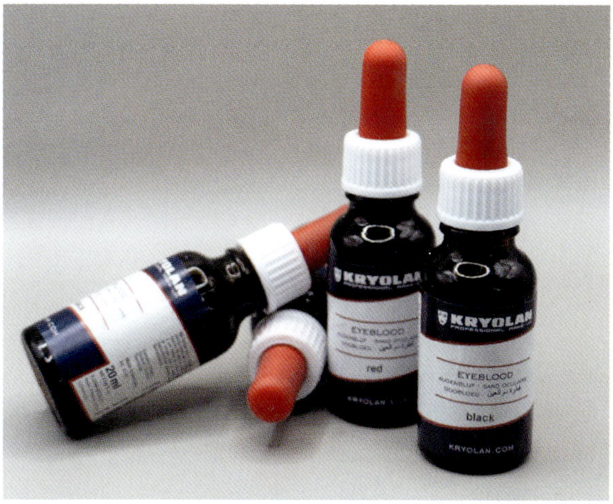

Für einen kurzen Moment ein Riesenauftritt ... Das Augenblut ist etwas ganz Feines und super Spezielles!
Somit ist es sicher auch nicht für jede Person geeignet. Beim Augenblut muss zudem Vorsicht großgeschrieben werden: Es handelt sich um eine aus Apothekenwasser hergestellte Augenflüssigkeit, die mit einer Pipette ins Auge getropft wird. Das Auge nimmt für einen Moment die Farbe des „Augenbluts" an, also z. B. Rot, Schwarz, Blau, Grün oder Gelb.
Je nach Menge, die ins Auge getropft wird, fließt die Flüssigkeit wieder aus dem Auge. Das sieht dann aus wie Tränen. Hierbei wird die Sicht sehr eingeschränkt. Die Flüssigkeit kann sich auch unangenehm auf dem Auge anfühlen. Man darf die Flüssigkeit nicht mit Kontaktlinsen kombinieren! Durch das Blinzeln reinigt sich das Auge von selbst und die Flüssigkeit ist in 10–15 Minuten wieder komplett aus dem Auge verschwunden.

COLLODIUM

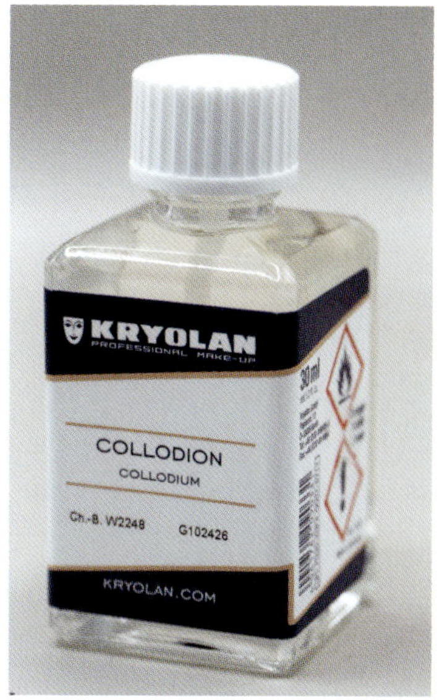

Collodium, auch bekannt als Narbenflüssigkeit, ist ein Texturkleber, der extrem schnell einen erstaunlichen Effekt zaubert. Es handelt sich um eine flüssige Substanz, die auf die Haut aufgetragen wird und beim Trocknen eine enge Verbindung mit der oberen Hautschicht bildet. Collodium schrumpft und zieht die Haut leicht zusammen, wodurch eine unebene, faltige Textur entsteht. Dadurch können Narben oder andere Strukturen auf der Haut erzeugt werden. In meinem YouTube-Tutorial zeige ich dir, wie du Collodium verwendest.

KAPITEL 2

Vorbereitung und DIYs

Augenbrauen abkleben

20 Minuten

Sicher fragst du dich jetzt: Was haben meine Augenbrauen mit einem Look zu tun? Und wieso soll ich diese abkleben? Reicht es nicht aus, die Augenbrauen einfach zu übermalen? Die Antwort ist: ja und nein.

Du kannst selbstverständlich einfach über deine Augenbrauen malen und sie in deinen Look einarbeiten, dennoch wird man die Haare immer sehen. Für ein normales Face Paint ist das an und für sich nicht schlimm, und manchmal sogar gewollt. Sobald du aber mit einer Prothese im Stirn- und Augenbereich arbeitest, solltest du deine Augenbrauen schützen.
Als ich frisch in die SFX-Make-up-Bubble eingetreten bin, habe ich Videos im Internet gesehen, denen zufolge es leichter sei, sich die Augenbrauen abzurasieren statt sie abzukleben. „Die Augenbrauen wachsen schon wieder nach", war die Devise, aber: Oft wachsen sie leider nicht mehr so nach, wie sie einmal waren. Und auch das Wachsen beansprucht Zeit.

Aus der Dragqueen-Szene habe ich mir einige Methoden zum Abkleben der Augenbrauen abgeschaut und selbst etwas herumprobiert. Ich zeige dir hier die Methode, die bei mir am besten funktioniert und auch mit wenigen Produkten schnell umzusetzen ist. Siehe dir hierzu auch gern mein YouTube-Tutorial an.

MATERIAL

- Abschminktuch
- wasserlöslicher Klebestift
- Puderquaste/Make-up-Schwamm
- transparentes, loses Puder
- Puderpinsel
- evtl. Concealer
- evtl. Cremefarbe oder Lippenstift in Rot

1 Reinige zunächst mit dem Abschminktuch deine Augenbrauen und die Haut darum herum. Dies hat einen entfettenden Effekt und sorgt dafür, dass der Kleber besser hält.

2 Presse von unten nach oben deine Augenbrauenhaare mit dem Klebestift auf deine Haut. Fange am besten außen an, um alle Haare entgegen der Wuchsrichtung festzukleben.

3 Nimm mit dem Make-up-Schwamm loses Puder auf und presse es auf die geklebten Augenbrauen. Achte darauf, den kompletten Kleber mit Puder zu bedecken. Benutze lieber zu viel als zu wenig Puder.

4 Benutze einen Puderpinsel, um überschüssiges Puder vom Gesicht zu entfernen.

5 Nimm erneut das Abschminktuch und entferne grob die Überreste des Puders auf der Stirn sowie auf den Augenlidern. Achte darauf, nicht zu nah an die Augenbrauen zu kommen.

6 Wiederhole den Vorgang von Schritt 2 bis 5 mindestens noch zweimal, sodass du insgesamt drei Schichten Kleber auf den Augenbrauen hast. Anschließend sollte das Ergebnis recht weiß aussehen. Willst du Prothesen anbringen oder dein Gesicht komplett bemalen, kannst du hier bereits ansetzen. Deine Augenbrauen sind nun geschützt und du hast eine glatte Fläche zum Bekleben und Bemalen.

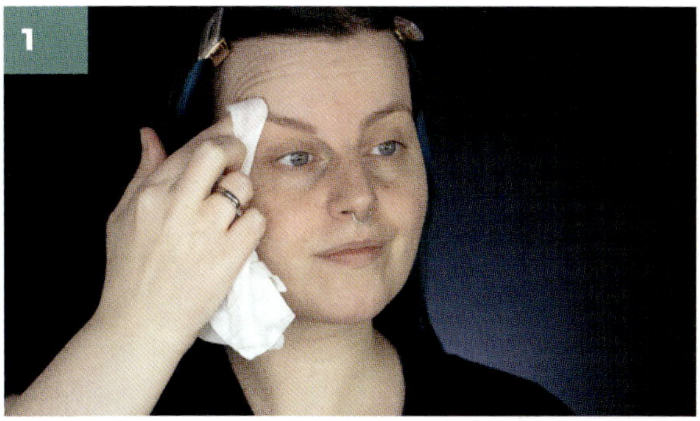
1

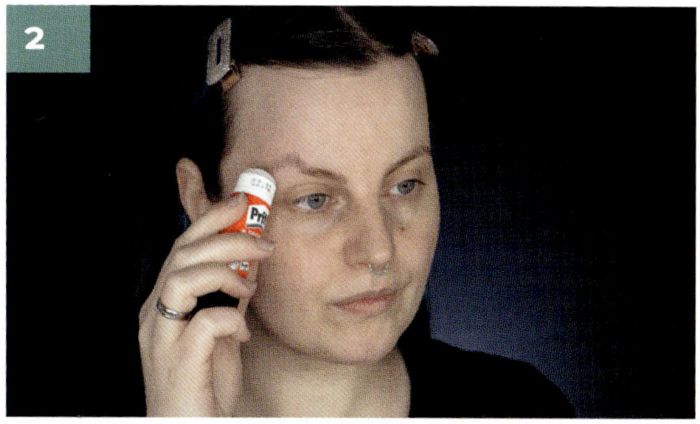
2

3

4

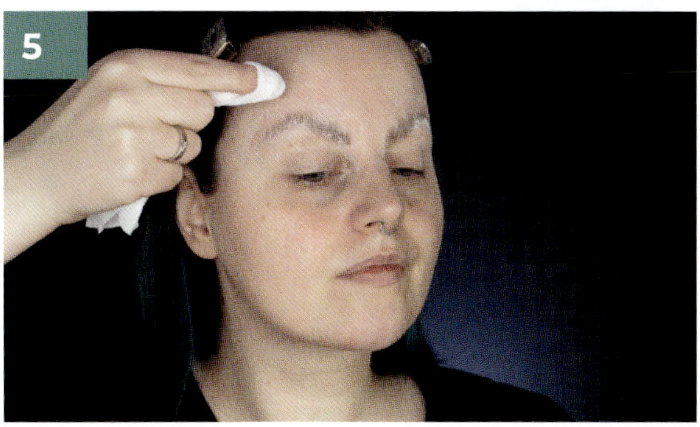
5

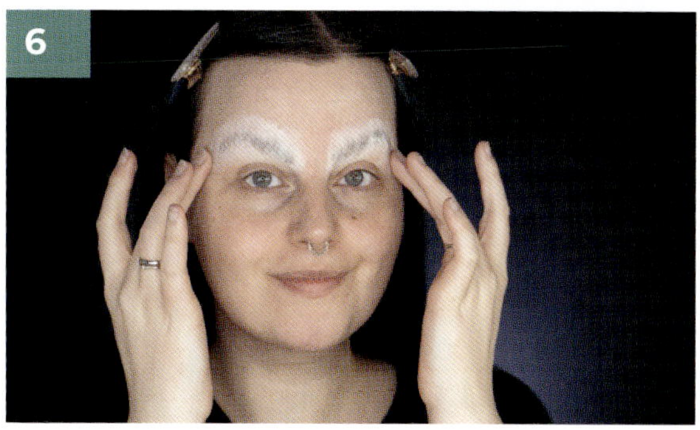
6

7 Möchtest du die Augenbrauen stärker verstecken, benutze einen Concealer, um den Kleber abzudecken. Verwische überschüssigen Concealer mit einem Make-up-Schwamm.

8 Ist dir das Ergebnis noch zu auffällig, kannst du mit einer roten Cremefarbe die noch leicht durchschimmernden Augenbrauen kaschieren. Trage dazu die rote Cremefarbe auf – alternativ einen roten Lippenstift – und überdecke das Rot mit einem Concealer und einem Make-up-Schwamm. Wiederhole den Vorgang so oft, bis du mit dem Ergebnis zufrieden bist.

Auf dem letzten Bild siehst du das Ergebnis mit roter Cremefarbe links und ohne rote Cremefarbe rechts.

TIPP: Dieser Vorgang reicht vollkommen aus, um kreative Looks zu kreieren und die Augenbrauen dabei zu kaschieren und zu schützen. Durch den wasserlöslichen Kleber lässt sich diese Schutzbarriere später ganz einfach mit einem nassen Reinigungspad oder nassen Handtuch einweichen und ablösen.

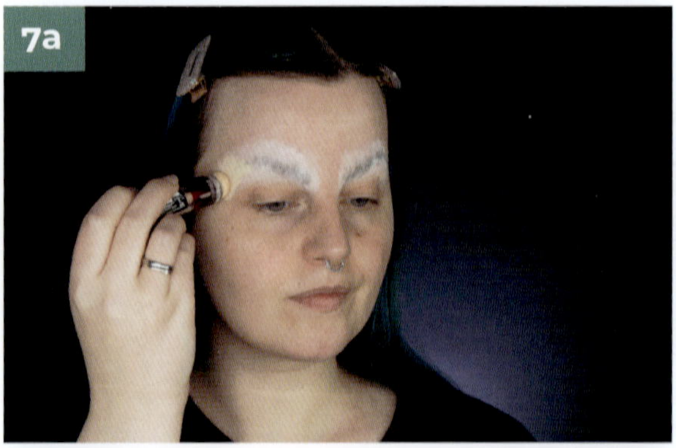
7a

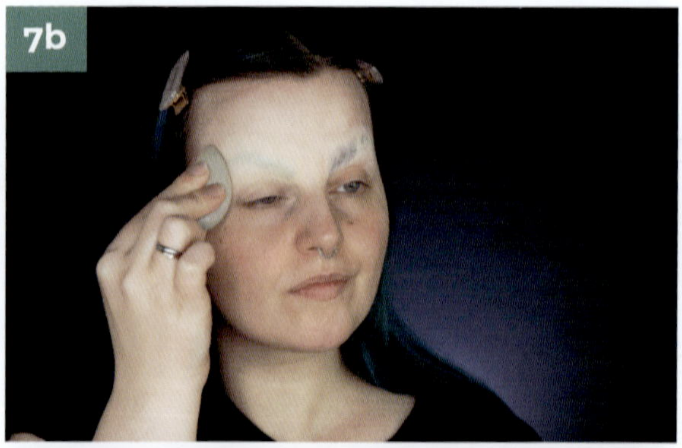
7b

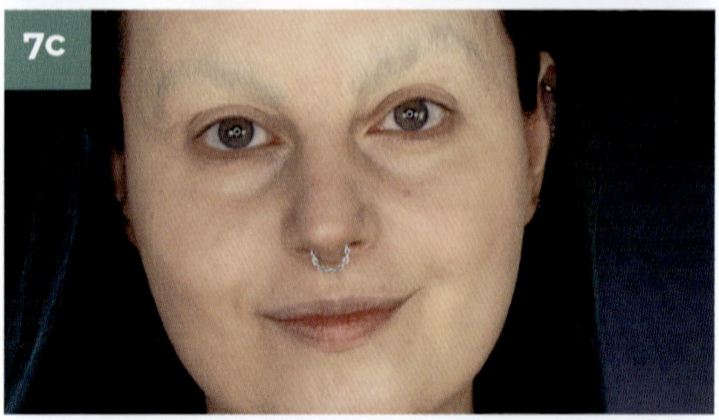
7c

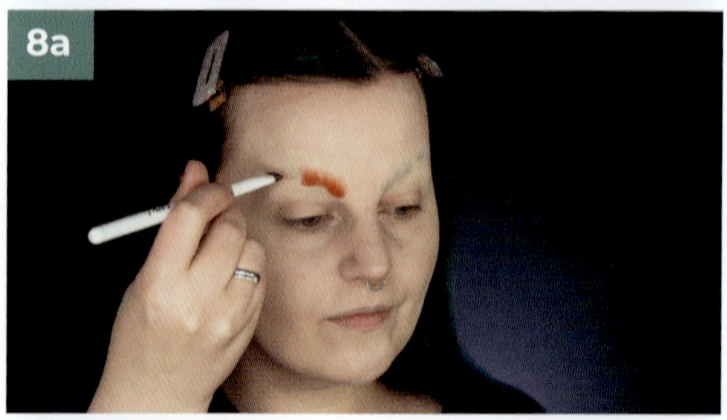
8a

8b

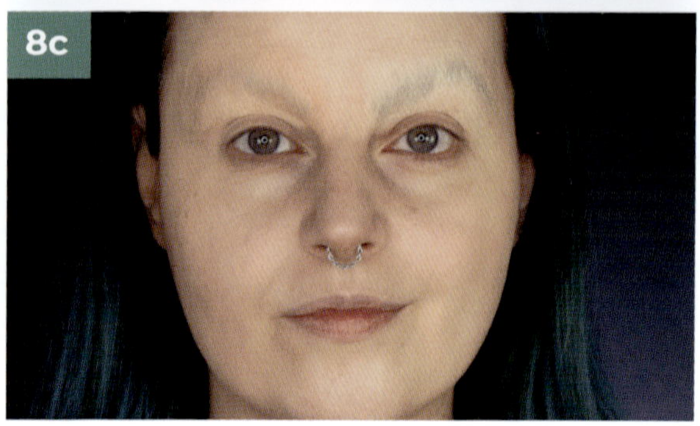
8c

Glatzenkappen

Glatzenkappen sind teuer, wenn man bedenkt, dass sie in der Regel nur einmal verwendet werden. Im Folgenden zeige ich dir daher auch, wie du ganz einfach und günstig eine Glatzenkappe selber machen kannst.

Eine Glatzenkappe kann aus Latex oder Glatzan bestehen. Beides kann man im Handel fertig erwerben. Je nach Hersteller, Material und Qualität variieren sie im Preis. Aus Glatzan, einem Kopfmodell, Trennmittel usw. kann man sich eine eigene Glatzan-Glatzenkappe erstellen. Dies ist jedoch nicht so einfach.

TIPP: Du kannst deine Glatzenkappe nach der Verwendung – wenn sie nicht zu stark beschädigt ist – vorsichtig mit lauwarmem Wasser und Seife säubern. So kannst du sie ein weiteres Mal benutzen.

BESONDERHEITEN DER GLATZANKAPPE

Glatzan ist ein flüssiger Kunststoff, der zum Anfertigen von Glatzen dient. Du kannst damit deine eigenen Glatzenkappen fertigen. Glatzan-Glatzenkappen haben den Vorteil, dass das Glatzan mit dem Reinigungsmittel Aceton aufgelöst wird und der Rand am Übergang zwischen Haut und Glatzenkappe auf diese Weise hauchdünn gefertigt werden kann. Bei falscher Anwendung kann das Aceton aber auch deine Haut schädigen. Daher ist Vorsicht geboten!

Um eine Glatzan-Glatzenkappe richtig und ohne sichtbare Übergänge erfolgreich anzubringen, braucht es Zeit. Man benötigt also nicht nur mehrere teure Produkte (Aceton, alkoholbasierte Farben, Activator) für eine Glatzan-Glatzenkappe, sondern auch viel Geduld. Sie ist eher etwas für Fortgeschrittene.
Für den Anfang sind die Latex-Glatzenkappe oder eine DIY-Glatzenkappe aus Frischhaltefolie ausreichend.

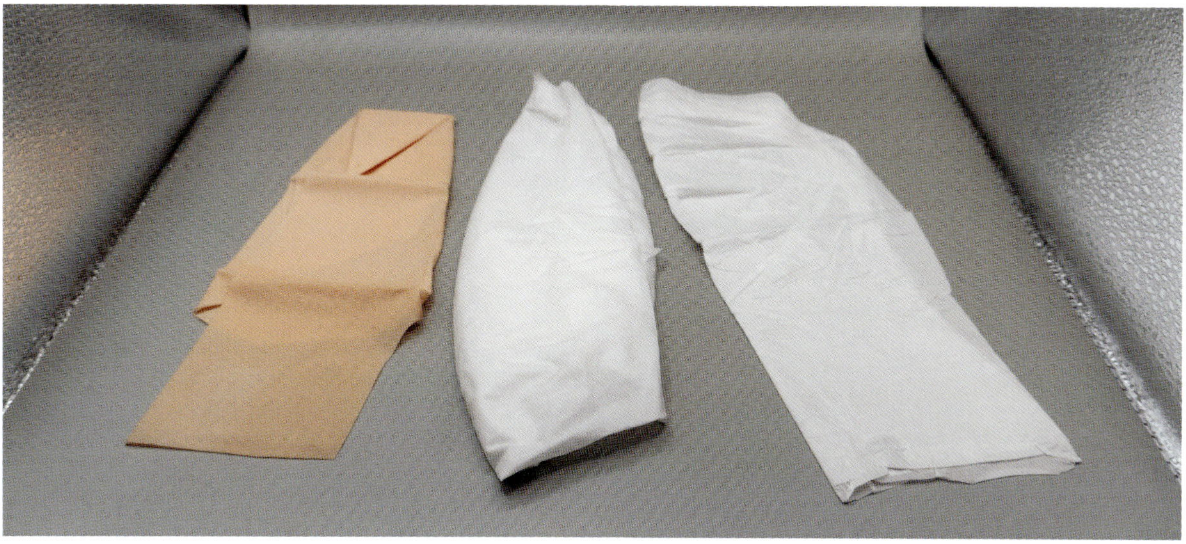

links: Latex-Kappe, Mitte: dicke Glatzan-Kappe, rechts: dünne Glatzan-Kappe

HAARE VORBEREITEN

Für die Glatzenkappen musst du zunächst deine Haare vorbereiten. Dafür gibt es je nach Look verschiedene Möglichkeiten.

1 Du kannst deine Haare zu einem tiefsitzenden Pferdeschwanz zusammenbinden, der am Hals gerade herunterhängt und später von einem Kleidungsstück verdeckt wird. Nach Bedarf oder Belieben kannst du den Zopf auch noch flechten. Benutze Haargel, um deine Haare vom Haaransatz bis zum Zopfbeginn glattzustreichen. Achte darauf, die Seiten der Haare glattzustreichen.

2 Du kannst dir auch einen flachen Dutt drehen, den du am Hinterkopf befestigst. Auch hier wieder die Haare mit Haargel glattstreichen. Der Dutt verursacht leider eine unnatürliche Kopfform und ist daher nicht immer optimal.

1a

1b

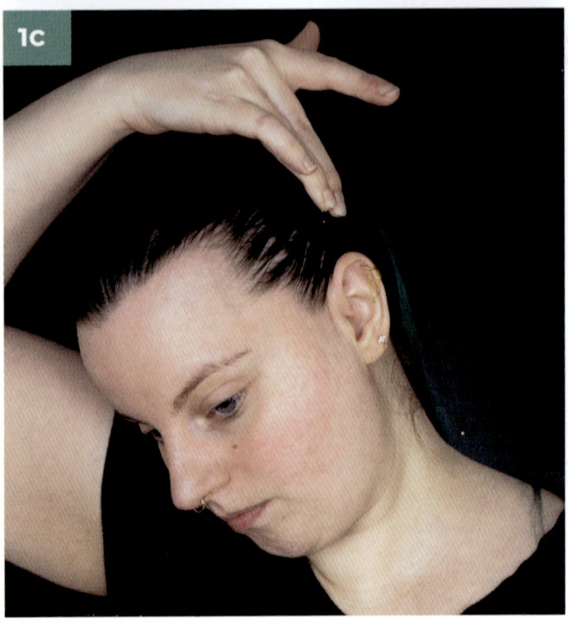
1c

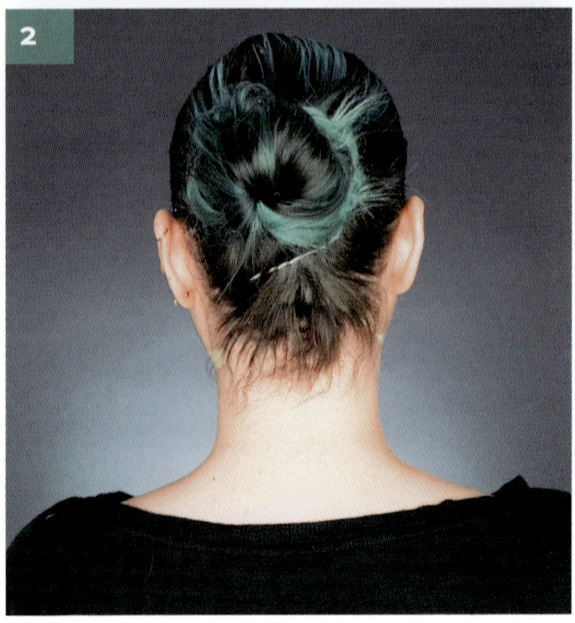
2

Glatzenkappe aus Latex anbringen

20 Minuten

MATERIAL

- Kamm oder Bürste
- Zopfgummis
- Haargel
- Glatzenkappe aus Latex
- Hautkleber
- Nagelschere
- evtl. Pinsel

1 Für dieses Beispiel habe ich einen tiefen Pferdeschwanz gebunden und anschließend die Haare zu einem Zopf geflochten, sodass die Haare insgesamt noch etwas enger am Kopf liegen. Die Haare mit Gel glattstreichen.

2 Setze nun die Glatzenkappe auf. Drücke die Kappe so fest wie möglich an deine gegelten Haare, sodass keine Rillen entstehen und die Kappe glatt an deinem Kopf liegt.

3 Mit dem Hautkleber werden nun die Ränder der Kappe an deine Haut geklebt. Beginne an der Stirn und arbeite dich Stück für Stück um den Kopf herum. Reicht die Kappe über deine Augenbrauen, schneide den überschüssigen Rand mit einer Nagelschere vorsichtig ab. Lass den Kleber kurz antrocknen, bevor du die Kappe aufdrückst. Falls deine Finger bei diesem Vorgang verkleben, benutze zum Festdrücken einen Pinselstiel.

4 Du kannst die Glatzenkappe nun so lassen oder noch die Ohren ausschneiden. Stich hierfür vorsichtig über dem Ohr mit einer Nagelschere in die Glatzenkappe und schneide dann ein kleines Stück frei, sodass dein Ohr hindurch passt. Achte darauf, nicht zu viel abzuschneiden, ansonsten liegt dein Haaransatz am Ohr wieder frei. Ziehe dann dein Ohr vorsichtig durch das Loch.

1

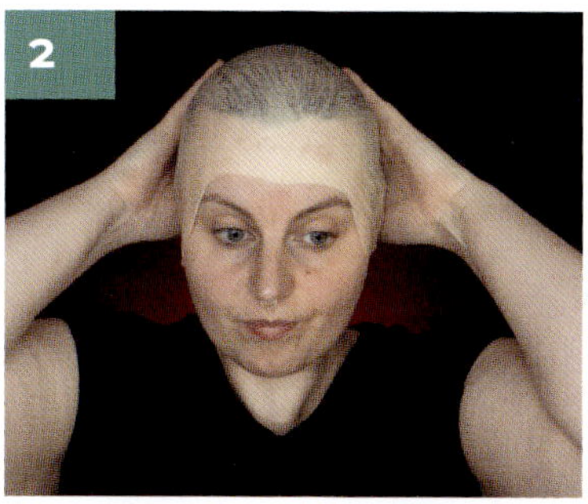
2

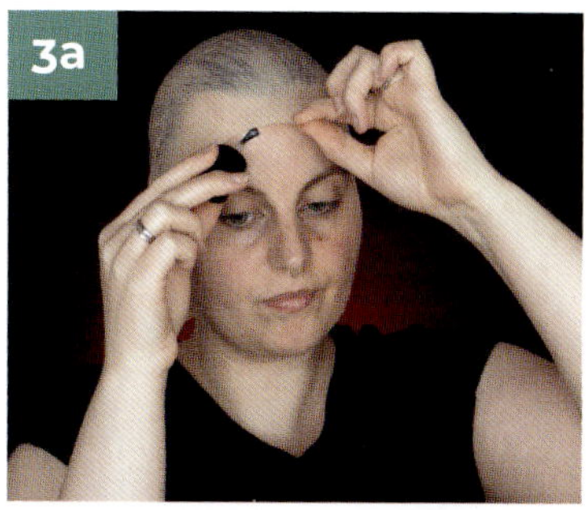
3a

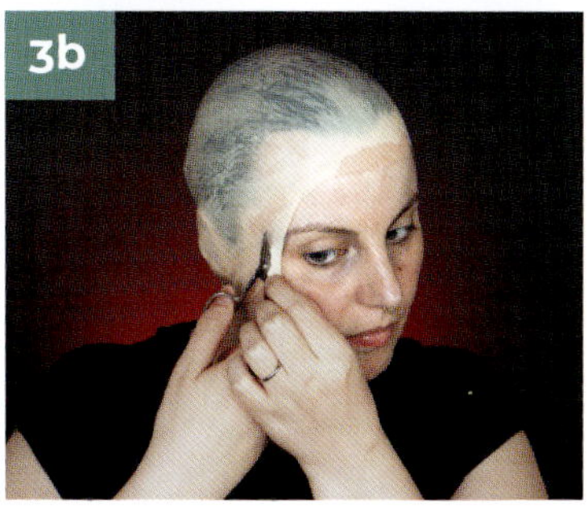
3b

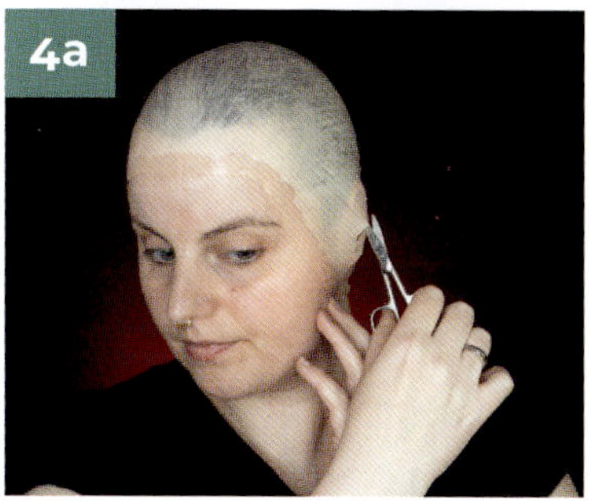
4a

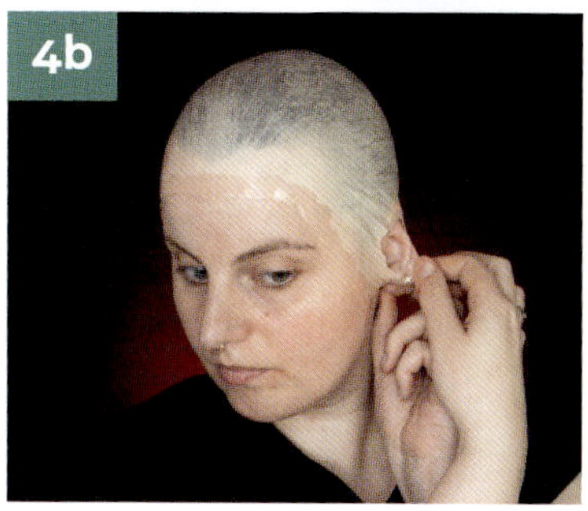
4b

DIY-Glatzenkappe aus Frischhaltefolie

30 Minuten

1 Bereite deine Haare vor (S. 32). Platziere Frischhaltefolie an deinem Hinterkopf. Fahre mit der Rolle um deinen Kopf auf die andere Seite. Wenn du die Rolle einmal um deinen Kopf gewickelt hast, wende die Rolle um 180 Grad. Nun die Frischhaltefolie erneut um deinen Kopf wickeln. Drücke dabei die Folie fest an deinen Kopf.

2 Schneide vorsichtig das Ende der Folie von der Rolle ab und platziere es hinten am Kopf. Achte darauf, dass keine Haare mehr am Hinterkopf zu ertasten sind. Benutze ein Klebeband, um das Ende der Folie zu fixieren.

3 Mit Latex und einem Silikonpinsel den Rand der Frischhaltefolie an deiner Haut befestigen. Streiche dafür etwas Latex unter und auf die Folie sowie über deine Haut. Vorsicht: Achte darauf, nicht an deinen Haaransatz zu kommen!

MATERIAL

- Kamm oder Bürste, Zopfgummis und Haargel zum Vorbereiten der Haare (S. 32)
- Frischhaltefolie
- Nagelschere
- Klebeband
- Flüssiglatex
- großer, flacher Silikonpinsel
- Präzisionsschwamm
- Föhn
- loses Puder
- Puderpinsel
- Foundation
- Make-up-Schwamm
- evtl. Cremefarbe in Rot

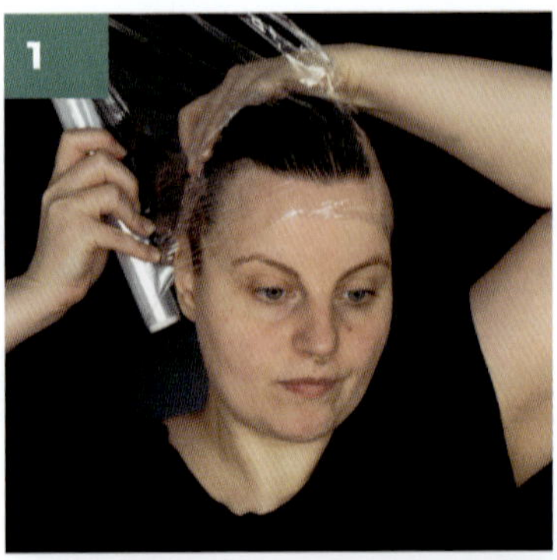
1

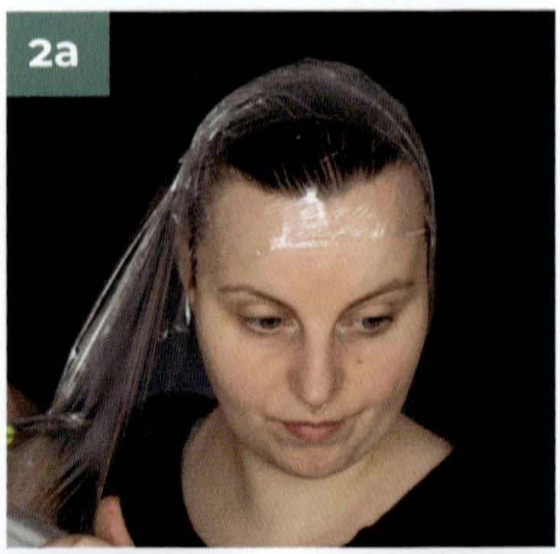
2a

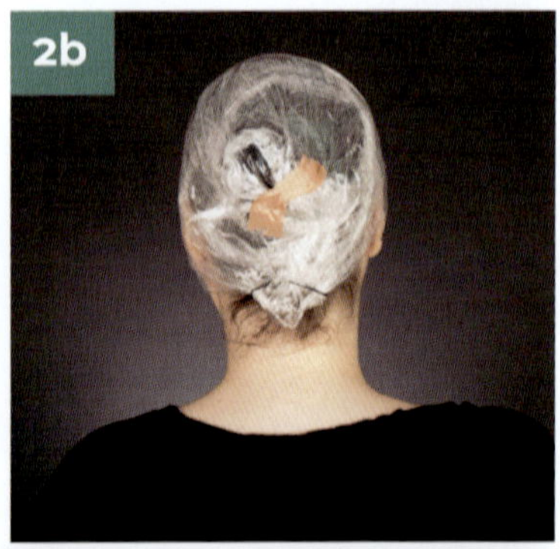
2b

3a

3b

4 Tupfe Latex mit dem Präzisionsschwamm auf die komplette Frischhaltefolie. Alle Stellen, die du bemalen möchtest, müssen mit Latex bedeckt sein, da die Frischhaltefolie selbst nicht bemalt werden kann. Benutze einen Föhn, um das Trocknen zu beschleunigen.

5 Pudere, sobald alles trocken ist, den Latex mit losem Puder ab. Nun kannst du den Latex mit Foundation überdecken. Stört dich dein Haaransatz, kannst du ihn mit roter Cremefarbe überschminken.

6 Du kannst die DIY-Glatzenkappe so lassen oder zusätzlich noch die Ohren befreien. Schneide hierzu vorsichtig mit einer Nagelschere ein kleines Loch in der Mitte des Ohrs in die Folie, sodass dein Ohr durch das Loch passt.

TIPP: Frischhaltefolie ist ideal, um sich an die ersten Looks heranzutasten. Die ungeraden Stellen kann man mit Details oder zusätzlichen Prothesen kaschieren.

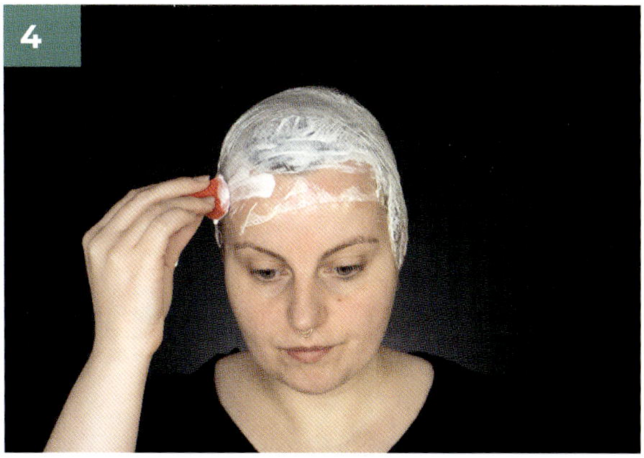
4

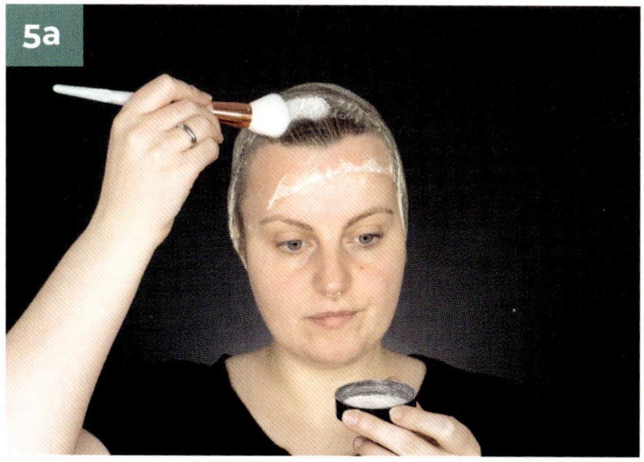
5a

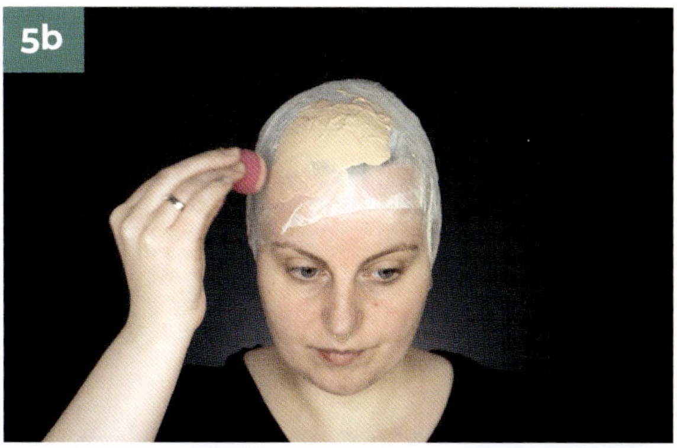
5b

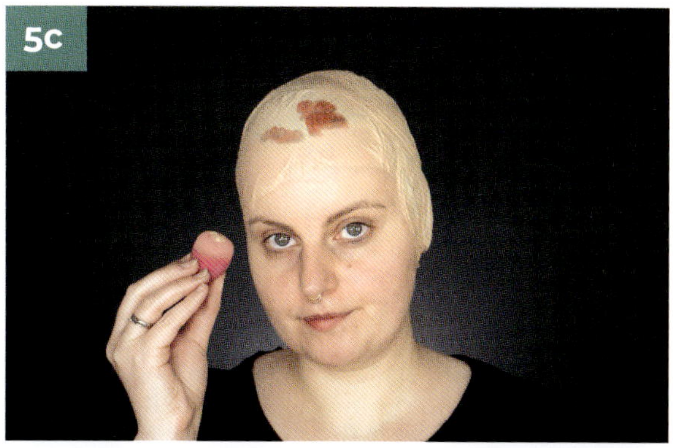
5c

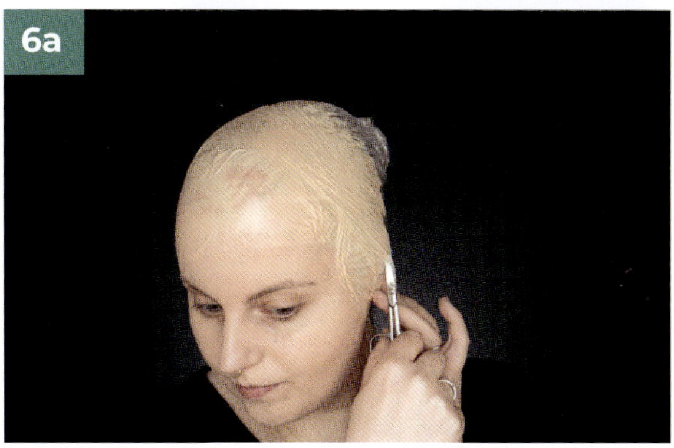
6a

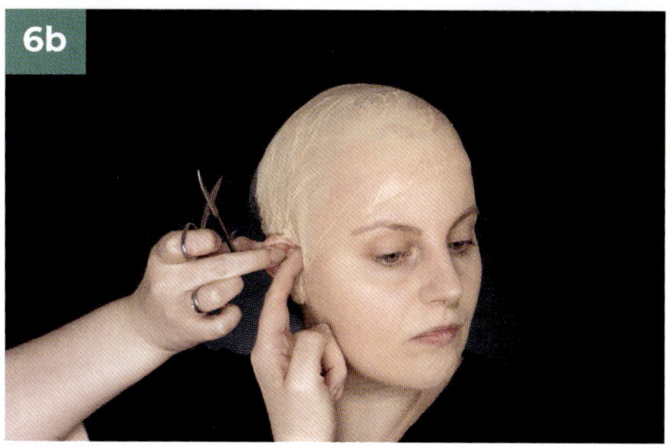
6b

Face Cast

5–6 Tage

Lass uns gemeinsam einen Gesichtsabdruck erstellen – auch Face Cast genannt. Damit hast du nicht nur ein neues, cooles Deko-Stück, sondern auch ein extrem hilfreiches Tool, um Masken und Prothesen herzustellen, die dir perfekt passen.

MATERIAL

- Frischhaltefolie
- Vaseline
- Schere
- Gipsbinden
- Behälter mit alten Handtüchern
- Formen-Trennspray
- 1,5 kg Bastelgips oder Bastelbeton
- aufgeschnittene Mülltüte oder Folie
- Schmirgelpapier, P60 und P180
- Bastelkleber in Weiß
- alter, sauberer Flachpinsel

DIGITALER FACE CAST

Auch ein digitaler Gesichtsabdruck ist sehr hilfreich für kreative Looks. Du kannst daran z. B. verschiedene Effekte und Farben testen. Ich nutze für die Erstellung eines digitalen Face Casts ein Tablet mit einem Creator-Tool (Procreate). Fotografiere hierfür einfach dein Gesicht von vorn – achte darauf, dass deine Haare nicht im Gesicht oder auf den Ohren liegen. Ziehe anschließend auf deinem Tablet oder am PC die wichtigsten Linien auf dem Foto nach. Achte darauf, so genau wie möglich beim Nachzeichnen zu sein. Und schon hast du deinen eigenen Face Cast in digitaler Form.
In der App habe ich dann die Möglichkeit, Farben zu verwischen. Für den perfekten Farbabgleich füge ich ein Foto meiner Farbe in der App hinzu und nutze die Farbe in der digitalen Zeichnung. Beispielsweise mit dem Effektpinsel kann ich auch unterschiedliche Pinseleffekte testen.

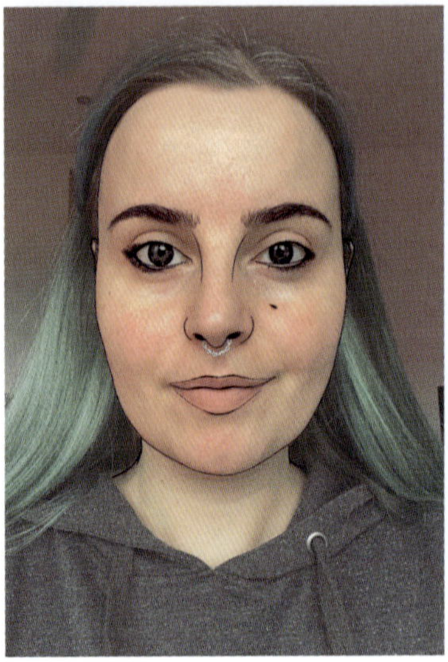

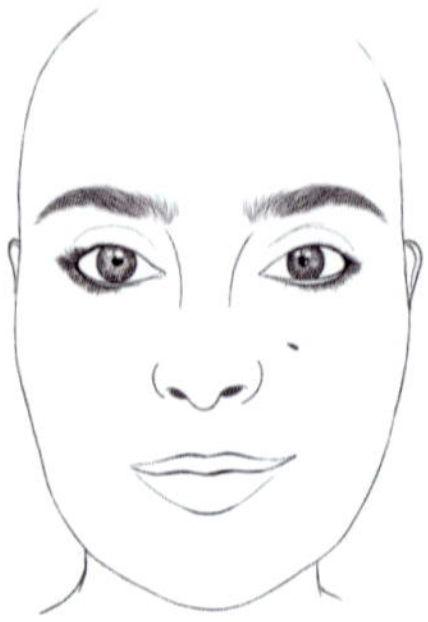

TAG 1

1 Zuerst brauchst du einen Negativ-Abdruck deines Gesichts, den du an den ersten beiden Tagen fertigst. Du nimmst hierfür Frischhaltefolie und überdeckst damit sorgfältig deine Haare. Damit hast du später etwas mehr Stirnfläche auf deinem Face Cast zur Verfügung.

2 Benutze Vaseline als eine pflegende Schutzbarriere zwischen deiner Haut und dem Gips. Creme dein ganzes Gesicht mit Vaseline ein, besonders gut die Augenbrauen, um später keinen Augenbrauenverlust beim Abziehen der Maske zu haben.

3 Schneide die Gipsbinden in Streifen und anschließend in Rechtecke. Dann sind die Stücke beim Anbringen einfacher zu handhaben.

4 Tauche ein Stück Gipsbinde komplett ins Wasser und lege es auf dein Gesicht. Streiche mehrfach über die Gipsbinde, bis sich die Flüssigkeit verteilt hat und keine Löcher mehr zu sehen sind.

5 Wiederhole den Vorgang mit weiteren Stücken Gipsbinde, bis dein ganzes Gesicht bedeckt ist. Wichtig: Lass den Bereich der Augen und der Nasenlöcher aus! Achte während des Auflegens der Gipsbinden darauf, nicht zu reden oder dein Gesicht zu bewegen. Lass ein paar Gipsbinden für später übrig.

6 Warte nun ca. 10 Minuten, bis die Gipsbinden ganz trocken sind. Bleibe am besten sitzen und behalte eine entspannte Position bei.

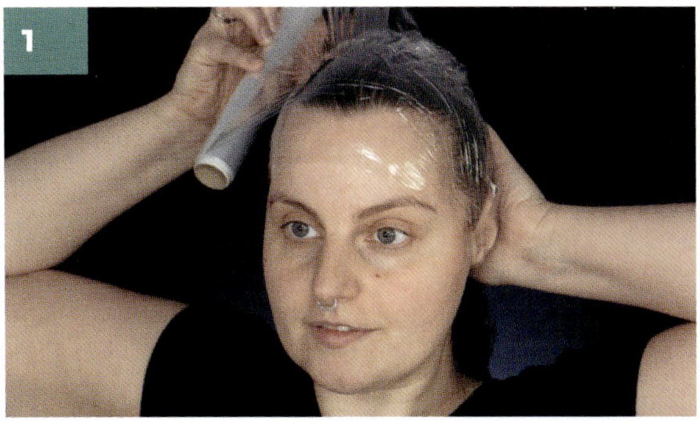

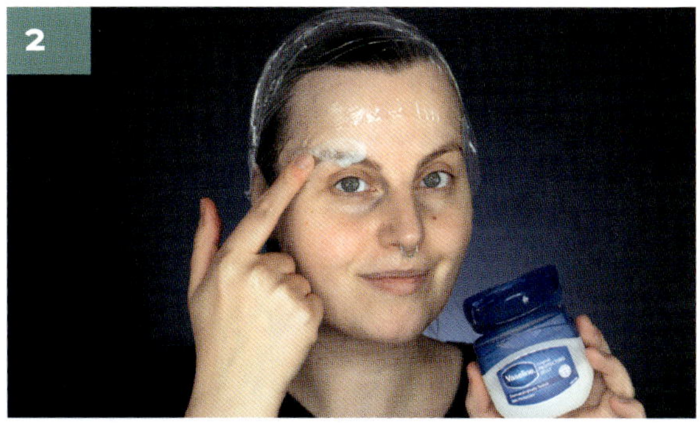

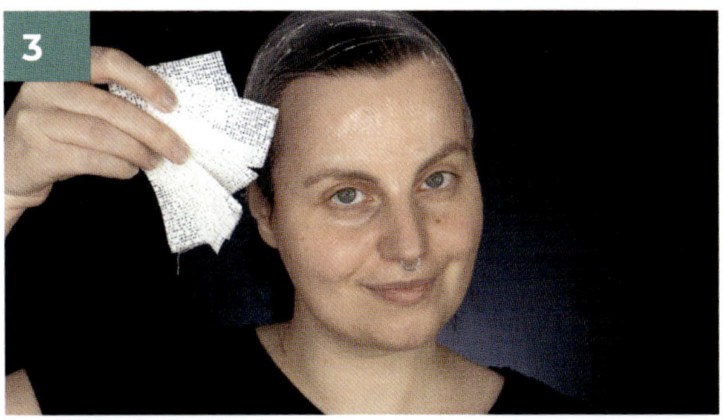

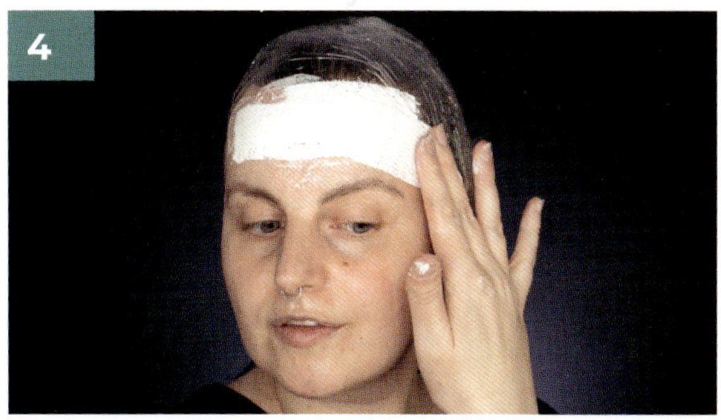

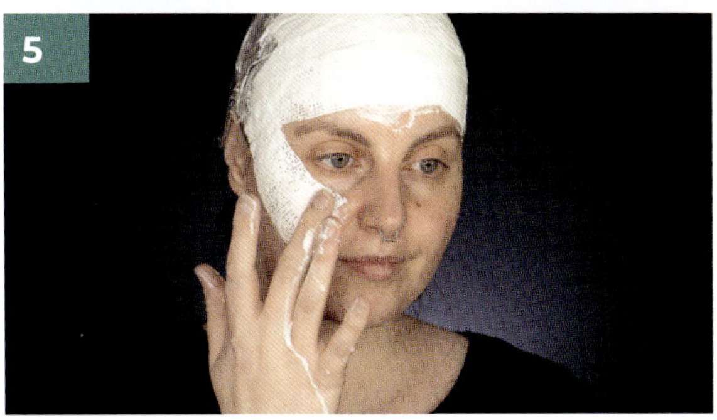

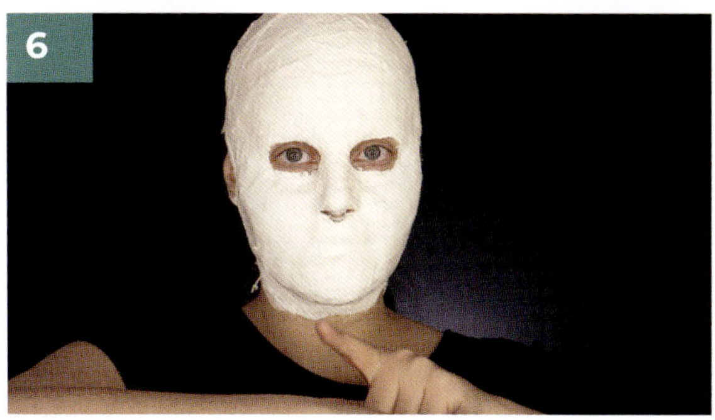

7 Sobald der Gips getrocknet ist, löst sich dieser leicht von der Haut. Durch leichtes Hin-und-Her-Bewegen der Maske sowie durch Gesichtsmimik löst sich die Gipsmaske langsam von der Haut. Reiße die Frischhaltefolie hinter dem Kopf auf und ziehe langsam die Gipsmaske vom Gesicht. Die Gipsreste im Gesicht kannst du ganz einfach mit einem feuchten Tuch vom Gesicht abnehmen.

8 Prüfe, ob die Maske von innen rissfrei ist. Große Risse in der Maske können später beim Fertigen der Positiv-Form aus Bastelgips aufplatzen. Sind große Risse vorhanden, streiche mit einem nassen Finger über die Stelle, solange die Maske noch feucht ist, sodass sich die Risse schließen. Bei großen Rissen kannst du ein paar übrig gebliebene Gipsbinden zum Korrigieren verwenden.

9 Mit den restlichen Gipsbinden den Bereich der Augen und der Nasenlöcher schließen. Platziere die Gipsbinden außen auf der Maske. Achte darauf, überall eine gleichmäßige Schicht aufzutragen, die so dick ist wie die Maske selbst.

10 Lass die Gipsmaske trocknen. Achte darauf, dass die Maske dabei weich liegt und nicht beschädigt wird.

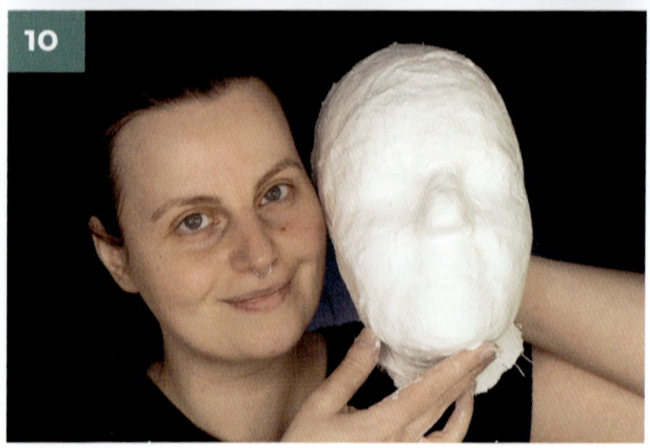

TAG 2

11 Lege die getrocknete Gipsmaske mit der Innenseite nach oben in einen Behälter mit alten Handtüchern. Achte darauf, dass es keine großen Hohlräume gibt und die Maske überall von unten gepolstert ist. Benutze ein Formen-Trennspray und besprühe die Innenseite der Maske. Dieser Vorgang erleichtert dir später das Abnehmen der Gipsbinden.

12 Mische nun den Bastelgips laut Herstelleranweisung an. Ich habe insgesamt 1,5 kg Bastelgips für meine Maske verwendet.

13 Sobald der angerührte Bastelgips klumpfrei und glatt ist, kann dieser vorsichtig in die Maske gegossen werden. Gieße dabei immer ein wenig Bastelgips in die Maske und bewege den Behälter, in dem die Gipsmaske liegt, leicht hin und her, sodass sich der Bastelgips gut verteilen kann und keine Hohlräume entstehen. Den Vorgang so lange wiederholen, bis du die Gipsmaske komplett mit Bastelgips gefüllt hast.

11

12

13

TAG 3 UND 4

14 Während Tag 3 und 4 den Bastelgips trocknen lassen. Nach den ersten 24 Stunden Trockenphase den Face Cast einmal umdrehen, sodass die Gipsbinden an der Luft liegen und nicht anfangen zu schimmeln.

TAG 5

15 Das Lösen der Gipsbinden vom Face Cast ist eine staubige Angelegenheit und dabei entstehen viele Krümel. Nimm eine aufgeschnittene Mülltüte oder eine Folie als Unterlage und löse die Gipsbinden von der Seite der Maske vorsichtig vom Bastelgips. Dank des Formen-Trennsprays, welches du vor dem Eingießen verwendet hast, sollte die Gipsbinde recht einfach zu lösen sein. Achte darauf, langsam und vorsichtig zu arbeiten. Besonders die Nase ist sehr empfindlich und kann schnell brechen.

16 Den an den Rändern abstehenden Bastelgips kannst du sanft abbrechen, sodass dein Gipskopf auf einer geraden Fläche liegt. Mit Schmirgelpapier kannst du die raue Oberfläche bearbeiten. Benutze dabei die Stärke P60, um grobe Unebenheiten zu entfernen, und die Stärke P180 zum „Polieren" der Oberfläche. Achte darauf, das Gesicht nicht zu verformen!

14

15a

15b

16

17 Nun bekommt der Face Cast noch eine Schutzschicht aus Bastelkleber: Lege den Gipskopf nach dem Schmirgeln auf eine saubere Arbeitsunterlage, die mit Kleber in Kontakt treten darf. Verteile etwas Kleber auf dem Gipskopf und verstreiche ihn gleichmäßig mit einem alten, sauberen Pinsel auf der ganzen Fläche. Achte darauf, dass überall gleich viel Bastelkleber verteilt wird. Lass den Kleber einen Moment antrocknen. Prüfe die Oberfläche und wiederhole den Vorgang an Stellen, die Risse aufweisen, um diese zu füllen. Anschließend muss dein Gipskopf erneut, am besten über Nacht, trocknen.

18 Prüfe nach dem Trocknen, ob alle Ränder gut versiegelt sind. Ansonsten streiche erneut mit etwas weißem Bastelkleber über die entsprechenden Stellen und lass den Face Cast erneut trocknen. Nun ist dein Gipskopf fertig und kann für DIY-Prothesen verwendet werden!

Alle Schritte kannst du dir noch mal im Tutorial ansehen.

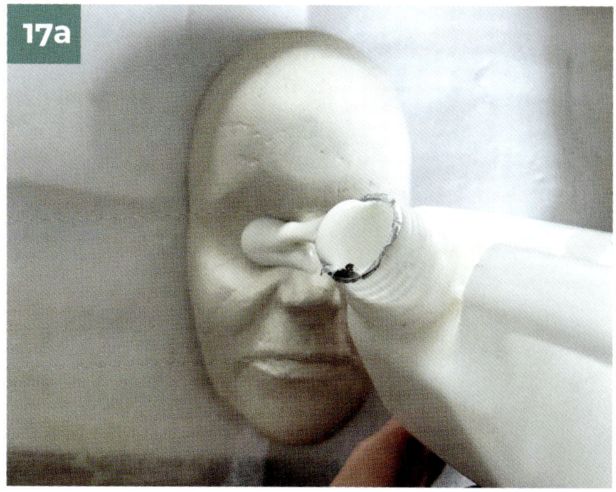
17a

17b

18

DIY-Rezepte

Du wirst spontan auf eine Halloween-Party eingeladen und möchtest dich wenigstens passend schminken, aber du hast kein Fake-Blut oder Hautwachs zuhause? Vielleicht möchtest du dein Fake-Blut oder Hautwachs auch lieber aus Haushaltsmitteln selber machen, weil dir die Produkte zu teuer sind, es sie im Laden gerade nicht zu kaufen gibt oder du sie bedenkenlos in den Mund nehmen möchtest. Mit diesen schnellen DIY-Rezepten rettest du dich aus diesen Situationen!

Achte auf die Zeitangaben: Es gibt Rezepte, die auskühlen müssen. Somit solltest du diese spätestens morgens durchführen, wenn die Looks nachmittags eingesetzt werden sollen.

TIPP: Je nachdem, was du gerade zuhause hast, lassen sich die Rezepte auch flexibel anpassen. Du hast statt Honig nur Agavendicksaft zuhause? Kein Problem! Dasselbe gilt auch für Sirup, z. B. Mais- oder Reissirup statt Ahornsirup. Selbstverständlich ist eine vegane Umsetzung meist auch möglich. Achte vor allem bei der Lebensmittelfarbe darauf, dass diese zu 100 % vegan ist. Alternativ benutze Rote-Bete-Pulver. Im Video zeige ich dir, wie du essbares, veganes Fake-Blut herstellen kannst.

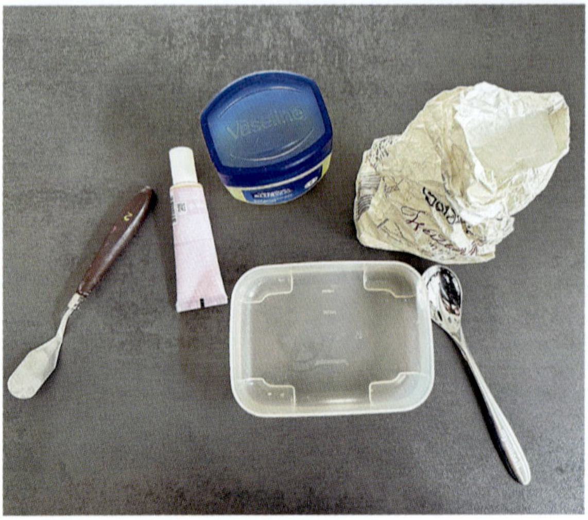

Dickflüssiges Fake-Blut

2–3 Minuten

1 Alle Zutaten in einen Behälter geben und gut miteinander vermischen.

2 Experimentiere je nach Bedarf mit den Lebensmittelfarben und kreiere verschiedene Farbtöne. Das Kakaopulver dient zum einen zum Verdicken der Farbe. Zum anderen kann damit auch ein dunklerer Ton erzielt werden.

MATERIAL

- 1 TL Kakaopulver
- 1 EL Honig
- 1 EL Ahornsirup
- 15 g Lebensmittelfarbe in Rot
- wenig Lebensmittelfarbe in Schwarz

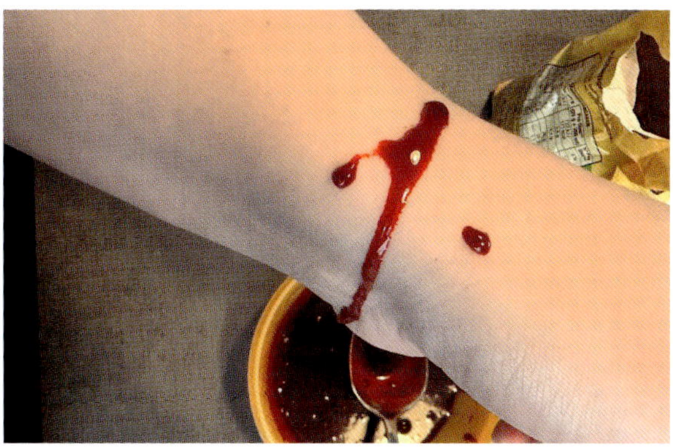

Rote Lebensmittelfarbe

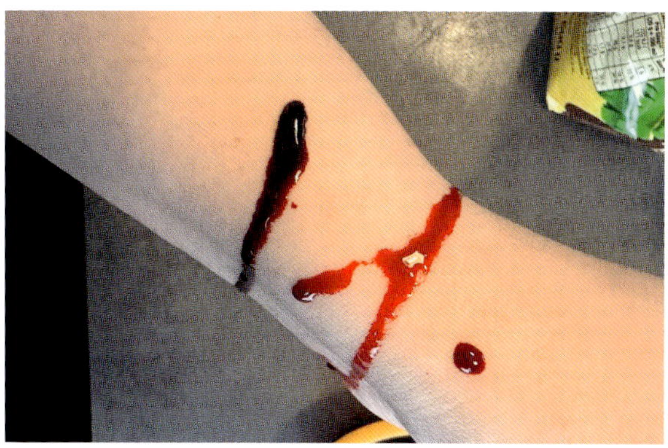

Schwarze Lebensmittelfarbe

Gelartiges Fake-Blut

10 Minuten +
30–45 Minuten auskühlen

1 1 Tasse Reissirup in einen Topf geben und langsam erhitzen.

2 3 EL rote Lebensmittelfarbe und 1 EL Kakaopulver hinzufügen und alles gut vermischen, bis ein gleichmäßiger Farbton entsteht.

3 3 EL Maisstärke bzw. Gelatinepulver langsam in die Flüssigkeit einrühren, bis das Blut gelartig wird.

4 Das Gel in eine Schüssel umfüllen und abkühlen lassen.

HINWEIS: Im kühlen Zustand wird das Fake-Blut fester. Je mehr Maisstärke du hinzugibst, desto fester wird es.

MATERIAL

- 1 Tasse Reissirup
- 3 EL Lebensmittelfarbe in Rot
- 1 EL Kakaopulver
- 3 EL Maisstärke oder Gelatinepulver

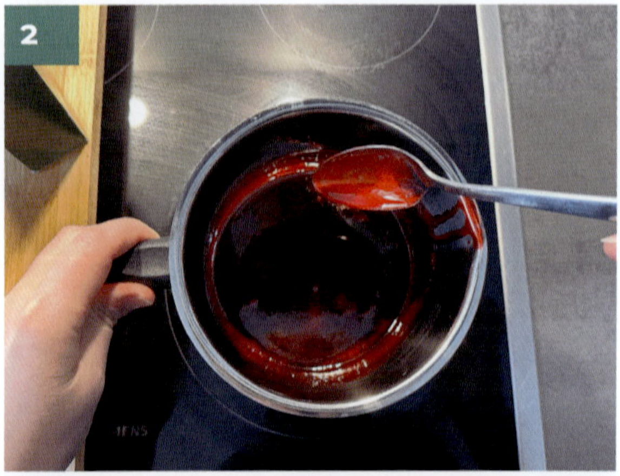

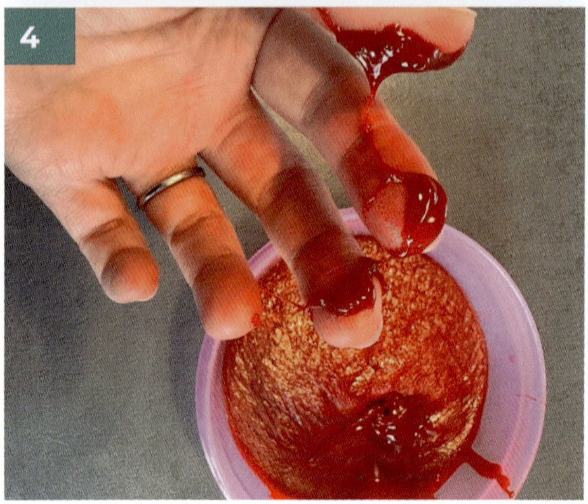

Flüssiges Fake-Blut

15 Minuten

ACHTUNG: Da das flüssige Fake-Blut Seife enthält, ist es im Gegensatz zu dem dickflüssigen und dem gelartigen Blut nicht essbar!

1 Bringe 1 Tasse Wasser zum Kochen. Füge dann 2 EL rote Lebensmittelfarbe und 1 EL Reissirup hinzu. Gut umrühren, bis sich alles vollständig aufgelöst hat.

2 Nach Belieben Kakaopulver hinzufügen, um dem Blut eine dunklere Farbe zu geben und es realistischer wirken zu lassen.

3 Wenige Tropfen flüssige Seife hinzufügen, um die Viskosität anzupassen und sicherzustellen, dass das Fake-Blut gut zu sprühen ist.

4 Die Mischung abkühlen lassen und evtl. weitere Anpassungen an Farbe und Konsistenz vornehmen.

5 Das Fake-Blut in eine Sprühflasche füllen und diese vor Gebrauch gut schütteln.

MATERIAL

- 1 Tasse Wasser
- 2 EL Lebensmittelfarbe in Rot
- 1 EL Reissirup
- evtl. 1 EL Kakaopulver
- wenige Tropfen flüssige Seife

TIPP: Die Seife hilft dabei, das Blut gleichmäßig zu verteilen und erleichtert die Reinigung nach Gebrauch.

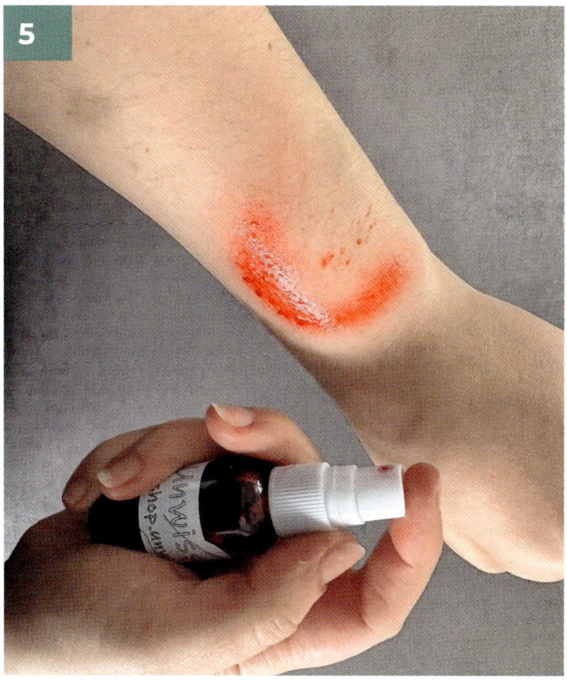

Weiches Hautwachs

5–10 Minuten

MATERIAL

- 1 EL Vaseline
- 2 ½ EL Weizenmehl
- ein paar Tropfen Foundation

ACHTUNG: Hautwachs ist grundsätzlich nicht essbar!

1 Gib 1 EL Vaseline in einen Behälter. Füge 2 EL Mehl hinzu und ein paar Tropfen deiner Foundation, um das Hautwachs einzufärben. Vermische alles so lange miteinander, bis die Masse glatt ist.

2 Füge anschließend erneut ½ EL Mehl hinzu und verrühre alles zu einer glatten Masse. Wiederhole den Vorgang so lange, bis du die Masse problemlos in einem Stück aus dem Behälter entnehmen kannst.

3 Nun knete die Masse so lange mit Mehl in deiner Handfläche, bis sie einem Keksteig ähnelt und nicht mehr so stark klebt.

4 Um die richtige Konsistenz zu erhalten, rolle ein kleines Stück der Masse zu einer Kugel und drücke die Kugel auf deinen Handrücken. Sie sollte sich problemlos durch den Druck an deine Haut schmiegen und verteilen lassen. Ist sie dafür zu klumpig, kannst du noch einmal eine ganz kleine Menge Vaseline hinzufügen.

1

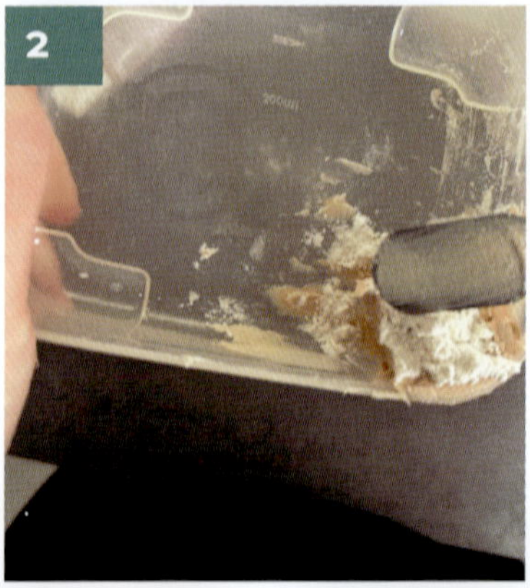
2

3

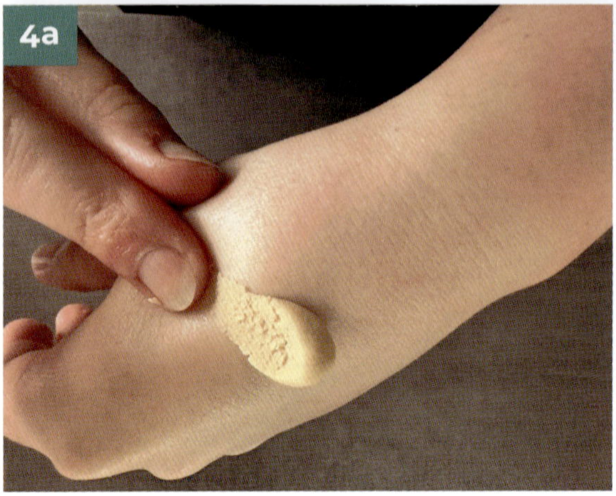
4a

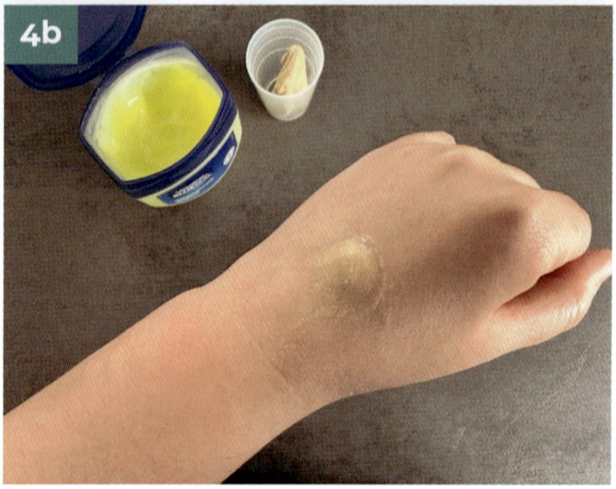
4b

Hartes Hautwachs

10 Minuten +
5 Stunden abkühlen

MATERIAL

- 1 EL Vaseline
- 2 EL Bienenwachs in Weiß oder Transparent
- 2 EL Babypuder

HINWEIS: Hautwachs ist grundsätzlich nicht essbar!

1 1 EL Vaseline bei niedriger Hitze erwärmen, bis sie flüssig ist.

2 2 EL Bienenwachs in kleinen Stücken hinzufügen und unter ständigem Rühren schmelzen, bis es vollständig in die Vaseline eingearbeitet ist.

3 2 EL Babypuder langsam einrühren, um das Wachs zu verdicken und eine gleichmäßige Konsistenz zu erzielen.

4 Die Mischung vom Herd nehmen und abkühlen lassen, bis sie handwarm und formbar ist. Das selbstgemachte Hautwachs ist nun einsatzbereit. Um das Hautwachs zu verwenden, etwas aus der Schüssel kratzen, kurz in der Hand kneten und anschließend auf die Haut drücken.

1

2

3

4a

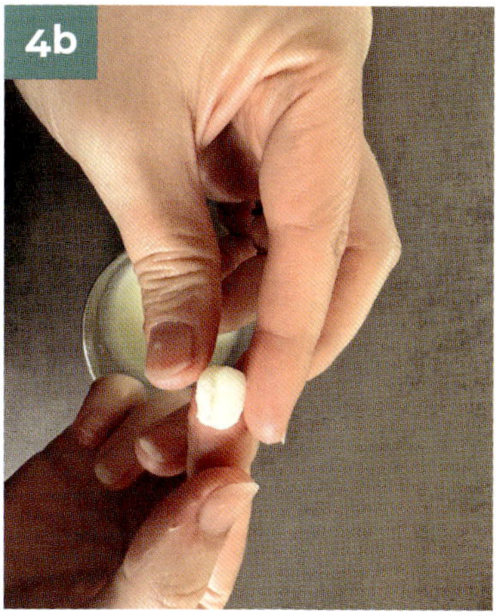
4b

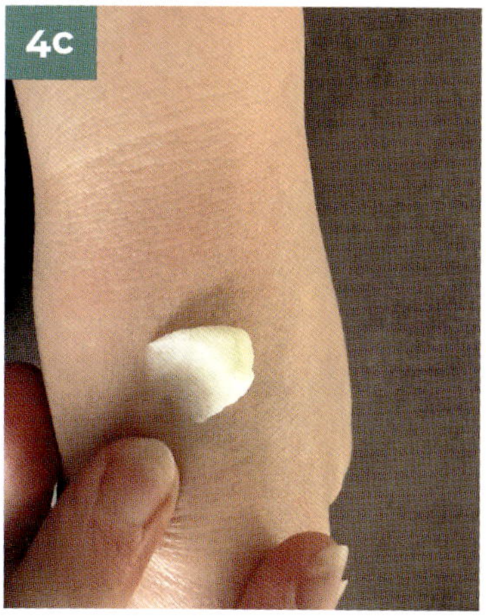
4c

Latexpaste

5 Minuten

Mit Latexpaste kannst du deine eigene Prothese ganz einfach selbst herstellen! Latexpaste gibt es nicht zu kaufen, du musst sie anmischen. Das klingt erst einmal aufwendig, doch eigentlich ist es schnell gemacht. Das Einzige, was du hierfür benötigst, ist Flüssiglatex und Mehl.

Latexpaste muss zügig verbraucht werden. Sie trocknet in 10–20 Minuten an und ist dann nicht mehr zu formen. Mische die Paste also nur an, wenn du sofort danach die Prothese fertigst.

HINWEIS: Sorge dafür, dass du alte Kleidung trägst, falls du einen Spritzer Latex abbekommst. Latex ist aus Stoff schwer bis gar nicht zu entfernen!

MATERIAL

- alter Behälter
- 4 EL Mehl
- 8 EL Flüssiglatex
- Spachtel oder Gabel

1 Ich mische die beiden Zutaten immer ca. im Verhältnis 2 : 1 von Latex zu Mehl. Je nachdem, wie viel Paste du brauchst, kannst du die Zutatenmengen entsprechend anpassen. Füge zuerst 4 EL Mehl in den Behälter und gib anschließend 8 EL Latex hinzu.

2 Vermische mit dem Spachtel zügig beide Zutaten. Hier ist schnelles Arbeiten wichtig, ansonsten verklumpt dein Mehl und ist nicht mehr zu gebrauchen. Du merkst recht schnell, ob die Masse zu flüssig oder zu fest ist.

3 Füge entweder mehr Mehl hinzu, falls sie zu flüssig, oder mehr Latex, falls sie zu fest ist. Drücke leicht mit dem Spachtel in die Masse hinein, um eventuelle Mehlklumpen aufzulösen.

4 Wenn sich beide Zutaten gut vermischt haben, kannst du die Paste mit dem Spachtel glattstreichen und daraus die Prothese fertigen.

Im YouTube-Tutorial siehst du, wie du eine Prothese aus Latexpaste erstellen kannst.

Zähne

20 Minuten

Es gibt verschiedene SFX-Zähne, die du für deine Looks kaufen kannst. Diese Fake-Zähne bestehen aus Polymorph (S. 22), einem thermoplastischen Material, welches bei Erwärmung weich und formbar wird.
Doch manchmal brauchst du für deinen Look auch ganz individuelle Zähne, die auf deine Maske oder Prothese abgestimmt sind. Diese kannst du aus Polymorph herstellen. Wie das Ganze funktioniert, zeige ich dir hier.

Hast du einfache, gekaufte Vampirzähne, findest du hier ein YouTube-Video zur Befestigung der Zähne.

MATERIAL

- eine Hand voll Polymorph
- Tasse
- 50–100 ml Wasser
- Wasserkocher
- Löffel

1 Schütte eine Hand voll Polymorph-Kügelchen in eine Tasse und erhitze 50–100 ml Wasser im Wasserkocher. Gieße das kochende Wasser vorsichtig zu den Kügelchen in die Tasse und beobachte, wie die weißen Kügelchen langsam transparent werden und sich miteinander verbinden.

2 Fische mit einem Löffel das nun weiche, formbare Material aus dem Wasser. Taste dich vorsichtig mit den Fingern an die Masse heran, damit du dich nicht verbrennst.

3 Reiße ein Stück von der Masse ab und beginne, daraus Zähne in der gewünschten Form zu kneten, bis du die ganze Masse verbraucht hast.

4 Benötigst du mehr Zähne, wiederhole den Vorgang von Schritt 1 bis 4. Die SFX-Zähne sind dann komplett fest, sobald die Farbe von Transparent zu Weiß gewechselt ist. Du kannst die Zähne nun für Prothesen oder Masken verwenden. Sie lassen sich später wieder abnehmen und für andere Looks wiederverwenden.

TIPP: Du kannst auch alte SFX-Zähne aus Polymorph wieder neu formen, indem du sie mit heißem Wasser übergießt. Es dauert lediglich etwas länger, bis sie wieder weich und formbar sind.

TIPP: Solange das Material warm und transparent ist, kannst du es mit Lebensmittelfarbe einfärben. Dazu die Farbe ins Material einkneten. Vorsicht: Die Farbe bekommst du später nicht mehr heraus!

1

2

3a

3b

4a

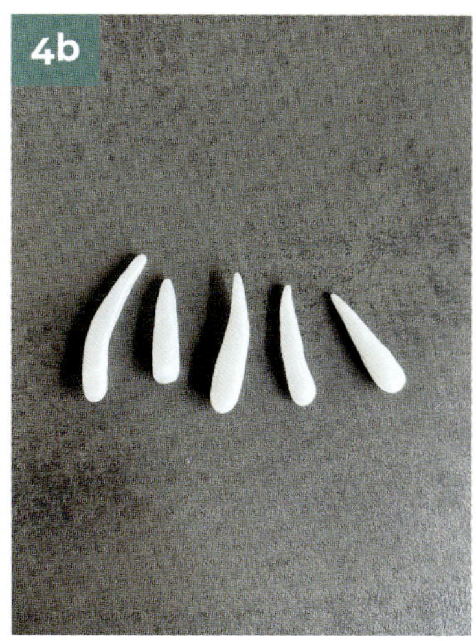
4b

Knochenfinger

30 Minuten

In dieser Anleitung zeige ich dir, wie du schnell und einfach eine richtig gute Knochenwunde zaubern kannst. Du kannst mit dieser Anleitung wirklich an jeder Stelle deines Körpers eine Knochenwunde fertigen – sei es an der Nase, dem Kinn, der Schulter oder dem Bein.

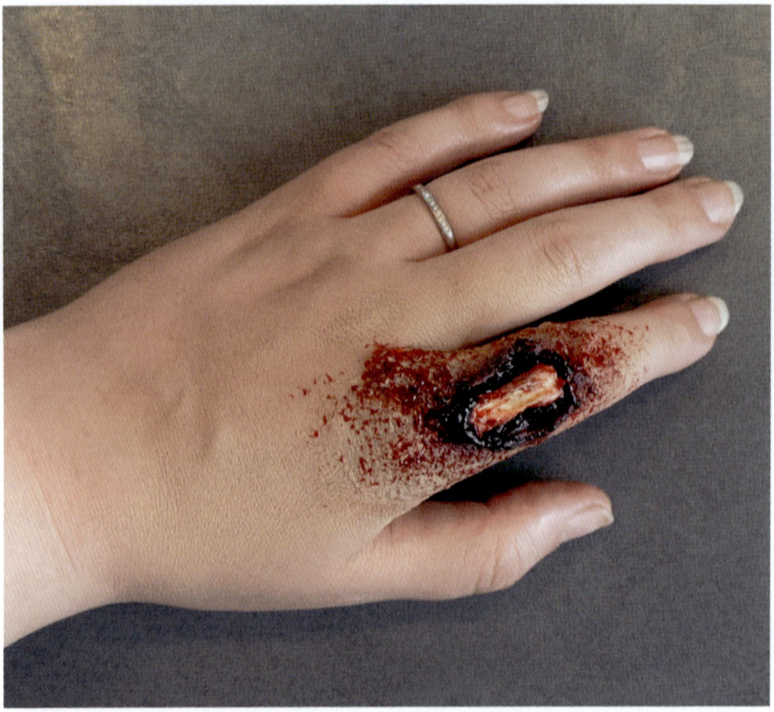

MATERIAL

- Kosmetiktuch
- Flüssiglatex
- schmaler Silikonpinsel (alternativ: Finger oder Wattestäbchen)
- evtl. Föhn
- Nagelschere
- Cremefarbe in Dunkelblau und Dunkelgrün
- 2 kleine Blenderpinsel
- Foundation
- dickflüssiges Fake-Blut (DIY-Anleitung auf S. 43)
- Stoppelschwamm

1 Für die alte, abstehende Haut brauchst du ein Stück Kosmetiktuch. Reiße die benötigte Menge ab und überprüfe die Größe an der Stelle, wo du deine Wunde haben möchtest.

2 Trage Latex auf die Hautfläche auf und platziere das Kosmetiktuch darauf. Streiche Latex auf das Kosmetiktuch und etwas darüber hinaus, sodass alles eine Hautfläche wird. Lass den Latex trocknen und benutze evtl. einen Föhn, falls es schneller gehen soll. Der Latex wird gelblich, sobald er vollständig trocken ist.

3 Schneide mit einer Nagelschere vorsichtig von der Seite kommend in der Mitte durch die Latex-Kosmetiktuch-Schicht. Klappe die beiden Hälften des Schnitts zur Seite. Diese sollen die alte Haut darstellen.

4 Reiße für den Knochen ein längliches Stück Kosmetiktuch ab und rolle es zu einem Stab zusammen. Knicke den Stab in der Mitte und prüfe, ob die Breite des Knochens stimmt. Tauche anschließend den Knochen in Latex und lass den Latex kurz antrocknen.

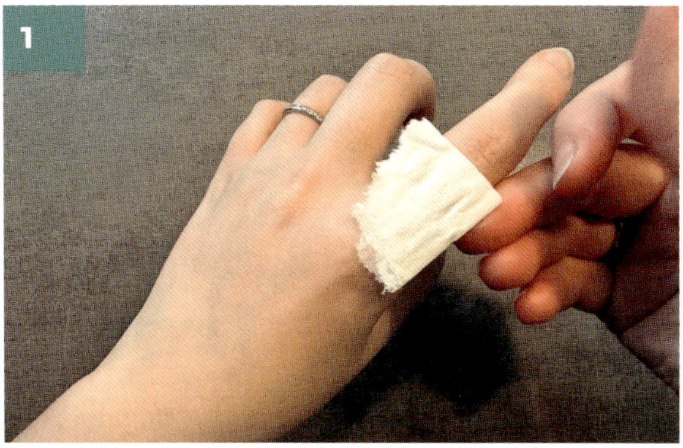
1

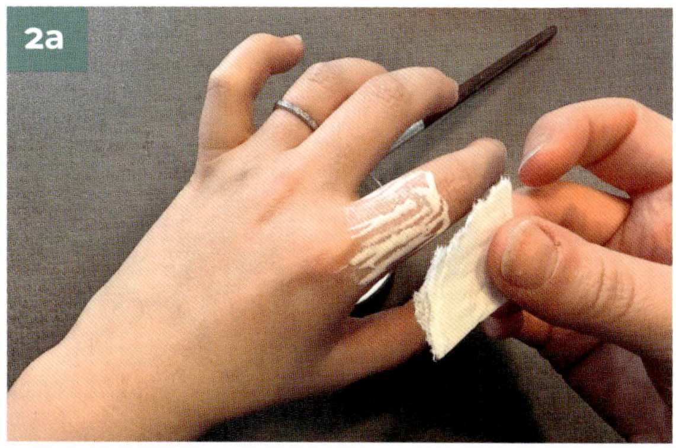
2a

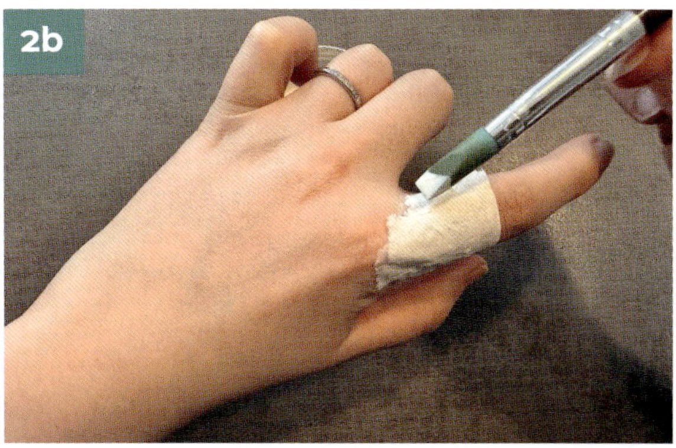
2b

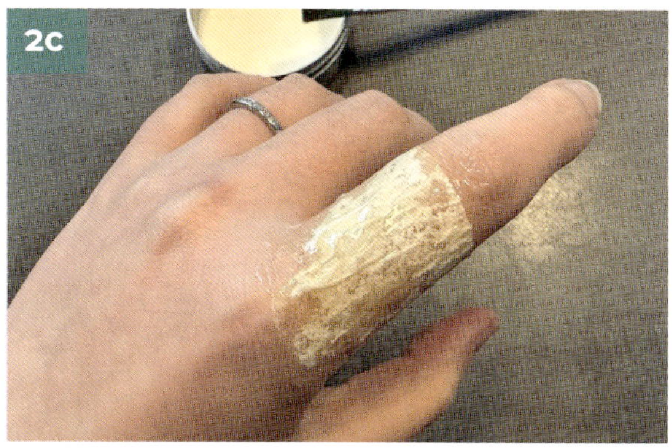
2c

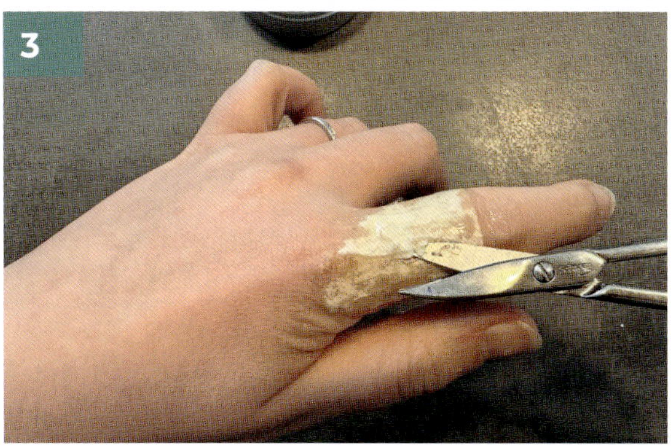
3

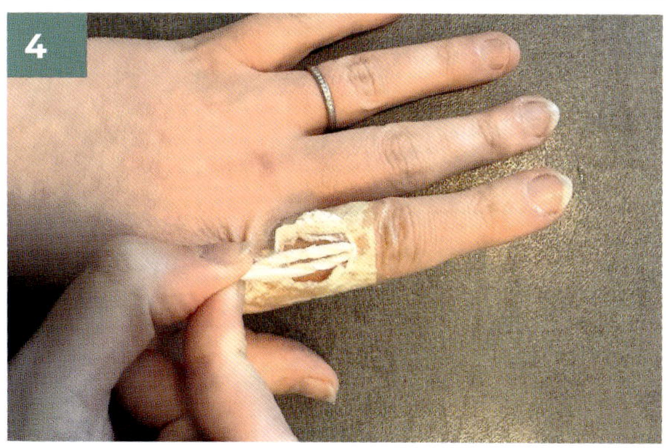
4

5 Male die Wunde mit Cremefarbe an. Nutze dafür z. B. einen Make-up-Pinsel. Um die Wunde herum darf der Finger etwas dunkler, d. h. kranker erscheinen. Benutze Foundation, um den Farbübergang zwischen der Hand und der Wunde zu schaffen.

6 Gib etwas Latex in die Wunde, in etwa dort, wo der Knochen platziert werden soll. Lege den Knochen in die Wunde, sodass du vorne das eine Knochenende unter die Kosmetiktuch-Haut auf deinem Finger schieben kannst.

7 Kürze das andere, freistehende Ende des Knochens so weit, dass dieses Ende ebenfalls unter die Kosmetiktuch-Haut gedrückt werden kann. Tupfe zum Schluss sehr wenig Latex an beide Enden des Knochens.

5a

5b

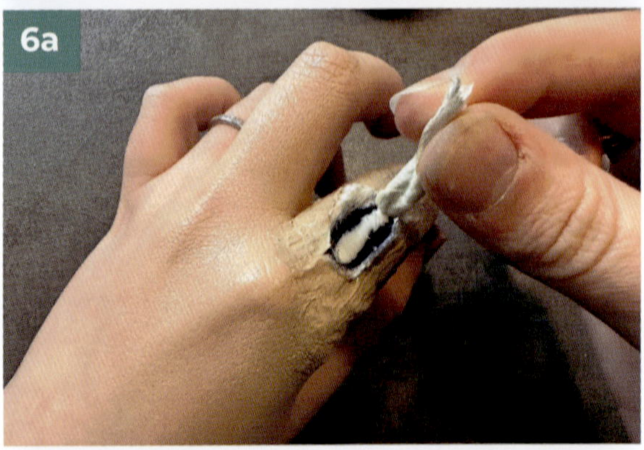
6a

6b

7

8a

8 Falls dir der Übergang zur echten Haut nicht dünn genug ist, korrigiere ihn nochmals mit Latex und lass den Latex trocknen. Dann wieder etwas Foundation auftragen.

9 Trage mit dem Silikonpinsel Fake-Blut an den Seiten des Knochens auf. Gib auch ein wenig Blut auf die abstehende Fake-Haut.

10 Tupfe nach Belieben vorsichtig Cremefarbe in Dunkelblau und Grün um die Wunde herum.

11 Nimm sehr wenig Fake-Blut mit dem Stoppelschwamm auf und tupfe das Blut vorsichtig um die Wunde herum. Du kannst es gern auch auf die Wunde aufbringen, damit der Knochen ebenfalls etwas Fake-Blut aufnimmt.

12 Du kannst die Wunde als Ganzes vorsichtig vom Finger abziehen und später erneut mit Latex befestigen. Am besten machst du das aufgrund der geringen Haltbarkeit des Fake-Bluts innerhalb von wenigen Tagen.

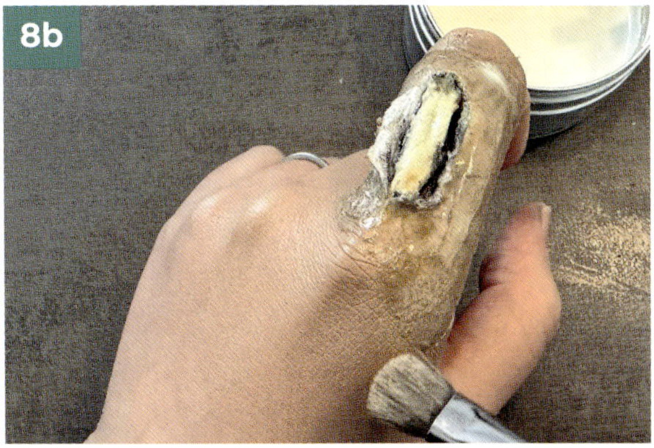

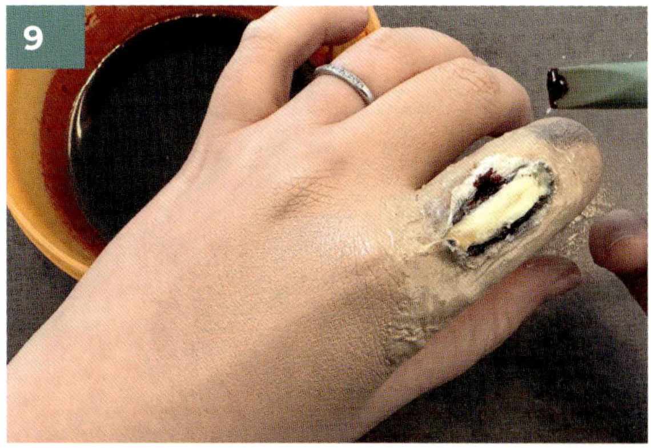

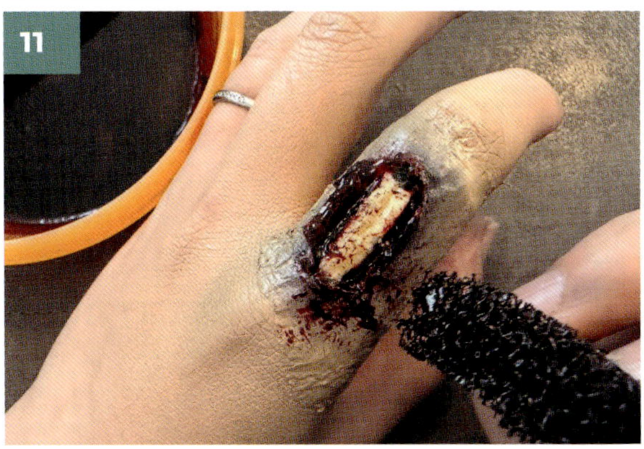

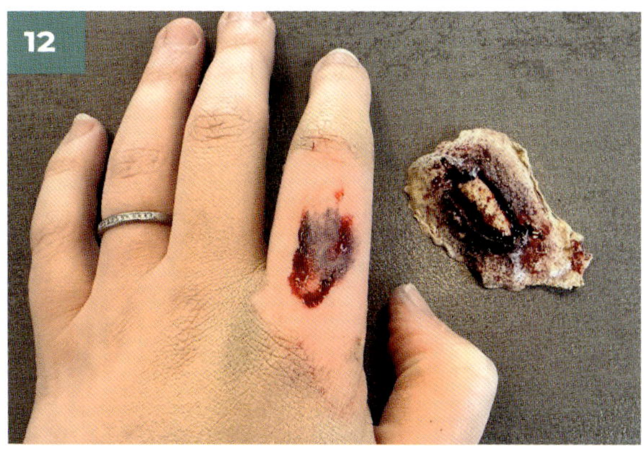

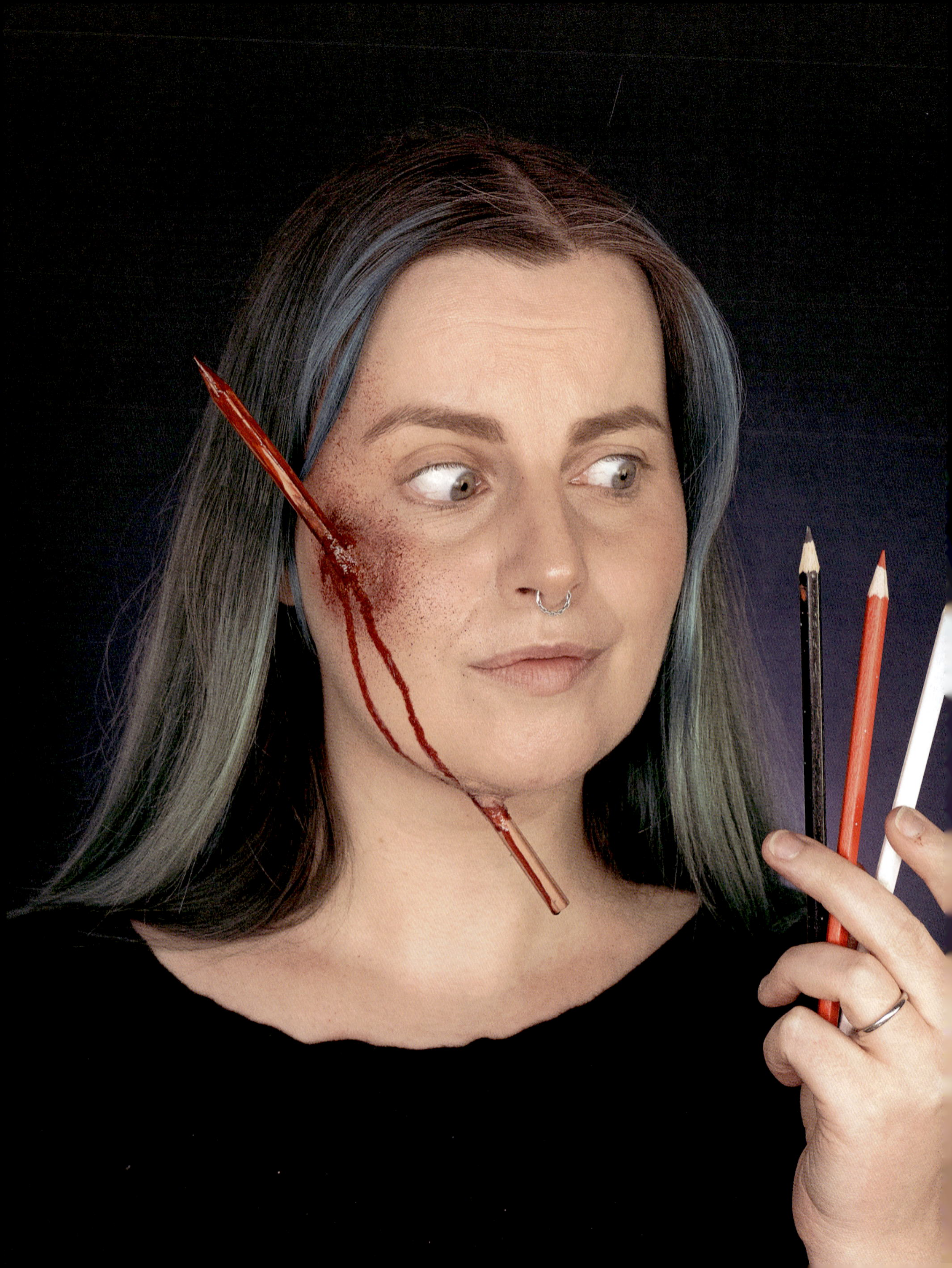

KAPITEL 3

Schritt für Schritt zum Look

HINWEIS: Für mehr Transparenz möchte ich darauf hinweisen, dass die Last-Minute-Looks bereits oft von diversen Creator:innen auf Social Media umgesetzt wurden. Es handelt sich hierbei also nicht um von mir selbst ausgedachte Looks.

Last-Minute-Look:

Blaues Auge

5 Minuten

MATERIAL

- Cremefarbe in Hautfarbe, Dunkelrot, Lila, Grün und Dunkelblau
- 2–3 Blenderpinsel

1 Umkreise mit Cremefarbe in Hautfarbe die Stelle, die den Bluterguss darstellen soll.

2 Die Blutergüsse werden mit Cremefarbe in Dunkelrot und Lila imitiert. Trage die Farbe in der Mitte der anderen Farbe auf und lass dabei ein paar Lücken. Je nachdem, wie viel Farbe du mit dem Pinsel aufnimmst, wird der Effekt schwächer oder stärker. Für mehr Tiefe den Farbton variieren.

3 Trage an den Rändern des Blutergusses wenig Cremefarbe in Grün auf.

4 Zum Schluss mit dunkelblauer Farbe den Bluterguss dunkler färben. Trage die Farbe hauptsächlich an den Rändern des roten Bereichs des Blutergusses auf. Je mehr Farbe, desto tiefer erscheint der Bluterguss.

Zu diesem Look gibt es auch ein Tutorial.

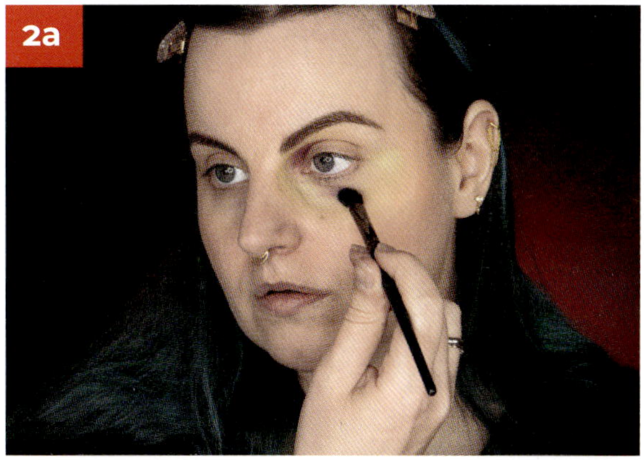

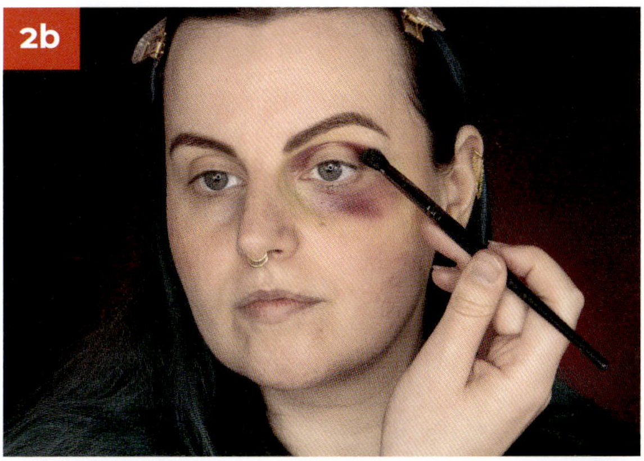

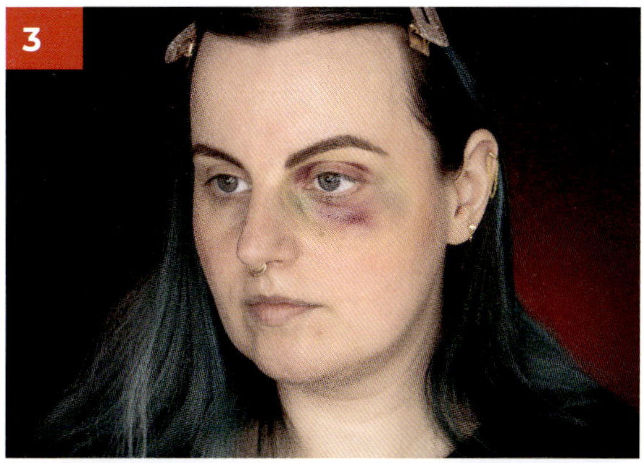

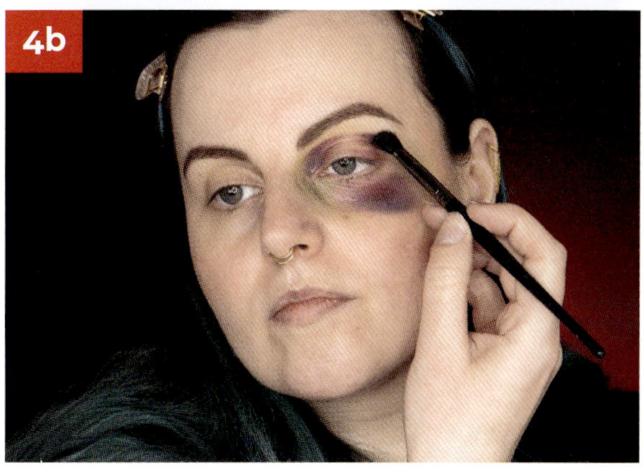

Last-Minute-Look:

Narbe

10–15 Minuten

MATERIAL

- Lipliner in Rot (oder Lippenstift)
- feiner Rundspitzpinsel
- Collodium
- Lippenstift in Rot und Schwarz

1 Male mit dem roten Lipliner die Narbe in dein Gesicht auf. Du kannst alternativ auch mit einem Rundspitzpinsel Lippenstift auftragen.

2 Verwische die Enden und die Seiten der Narbe mit einem sauberen, feinen Pinsel, damit mehr Tiefe entsteht.

3 Collodium auf die Narbe auftragen und trocknen lassen. Den Vorgang für mehr Tiefe zweimal wiederholen.

4 Mit schwarzem und rotem Lippenstift kannst du die Narbe frischer aussehen lassen: Streife dazu mit dem Rundspitzpinsel etwas roten Lippenstift ab und fahre vorsichtig entlang der Mitte der Narbe. Wiederhole den Vorgang mit schwarzem Lippenstift.

Im Video kannst du dir noch mal anschauen, wie du Collodium verwendest.

TIPP: Entscheide selbst, wie alt deine Narbe aussehen soll. Je weniger Farbe du sowohl unter als auch auf dem Collodium benutzt, desto älter wirkt die Narbe.

EINFACHE VARIANTE: Befolge nur Schritt 1 und 3. Das dauert ca. 5 Minuten.

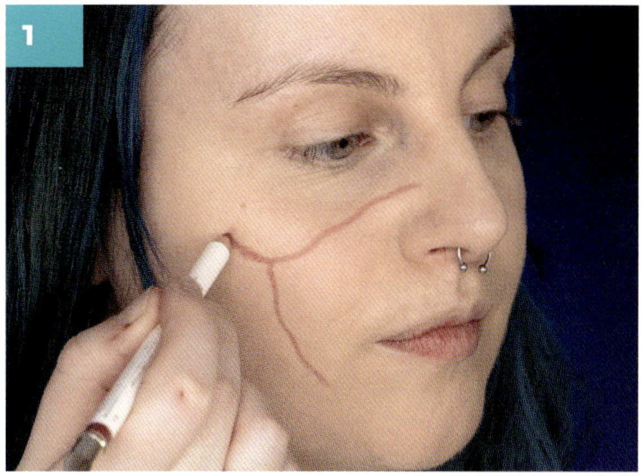
1

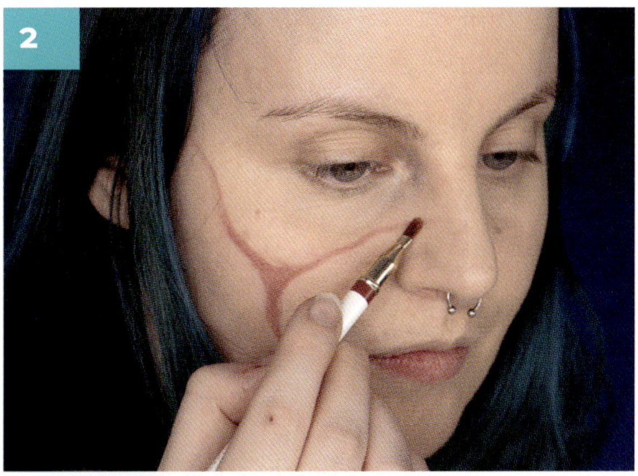
2

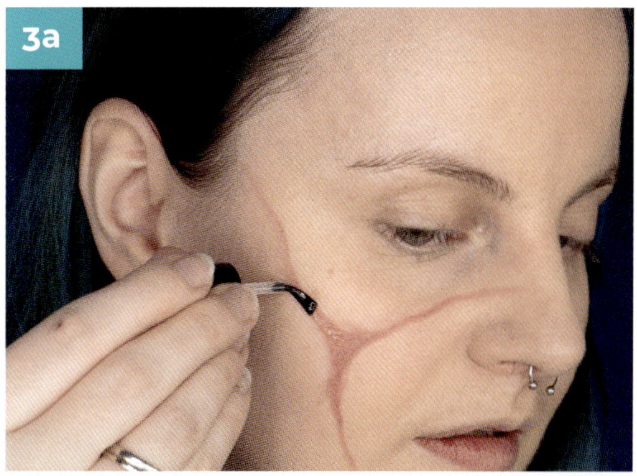
3a

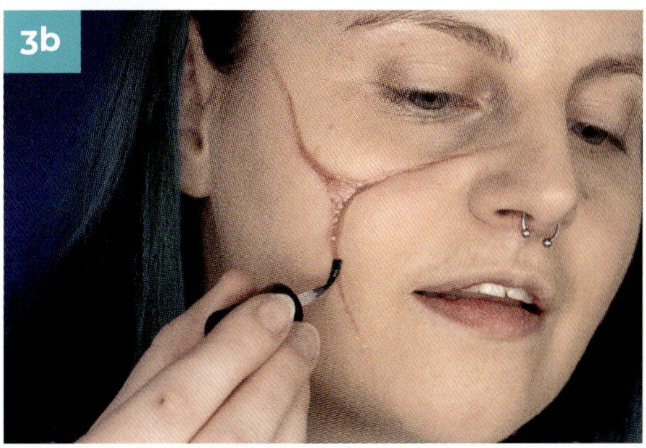
3b

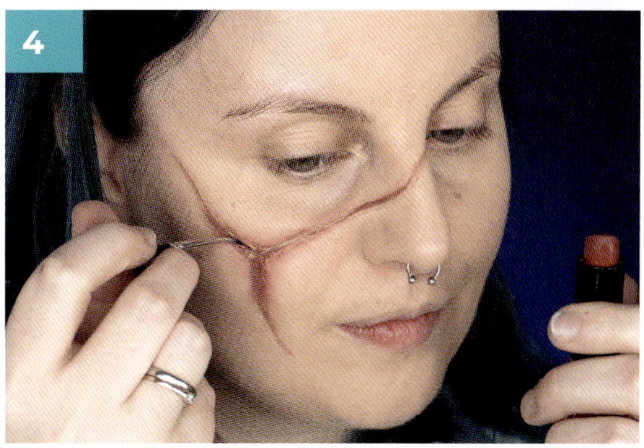
4

Last-Minute-Look:

Wolfsgabel

5 Minuten

MATERIAL

- wasserbasierte Farbe in Rot und Weiß (alternativ: flüssiger Lippenstift oder Eyeliner)
- Gabel
- feiner Rundspitzpinsel
- Lidschatten in Schwarz
- Zahnbürste
- Wimpern zum Aufkleben und Wimpernkleber oder Wimperntusche in Schwarz
- Lipgloss

1 Aktiviere die wasserbasierten Farben mit Wasser. Streiche rote wasserbasierte Farbe auf die Rückseite einer Gabel.

2 Ziehe die Gabel wie abgebildet von oben nach unten über deine Wange.

3 Trage schwarzen Lidschatten mit einem feinen Rundspitzpinsel an den unteren Rändern der roten Striche auf. Male eine feine Linie mit weißer wasserbasierter Farbe oder weißem Eyeliner an den oberen Rändern der roten Striche.

4 Spritze mit roter wasserbasierter Farbe und einer Zahnbürste Blutspritzer rund um die Wolfsgabel auf. Wimperntusche oder Wimpern zum Aufkleben und Lipgloss hinzufügen.

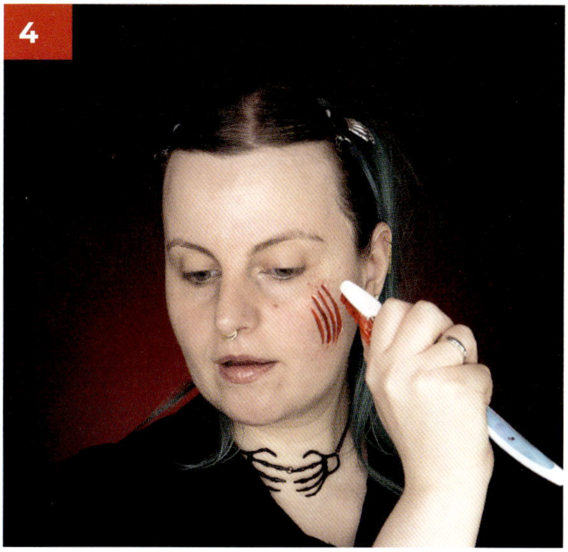

Last-Minute-Look:

Blutspritzer

5 Minuten

MATERIAL

- wasserbasierte Farbe in Rot
- Zahnbürste
- Wimpern zum Aufkleben und Wimpernkleber oder Wimperntusche in Schwarz
- Lipgloss

1 Aktiviere die wasserbasierte Farbe mit Wasser. Reibe die Zahnbürste in der Farbe, sodass sie reichlich Farbe aufnimmt.

2 Nun erzeuge rote Blutspritzer auf deinem Gesicht, indem du mit dem Daumen über die Borsten der Zahnbürste fährst. Je näher du am Gesicht bist, desto feiner werden die Spritzer. Variiere hier mit der Entfernung der Zahnbürste zum Gesicht.

3 Wenn du mit den Blutspritzern zufrieden bist, schminke dich. Ich persönlich finde es schlicht am schönsten, also z. B. mit Wimperntusche oder Wimpern zum Aufkleber oder Lipgloss

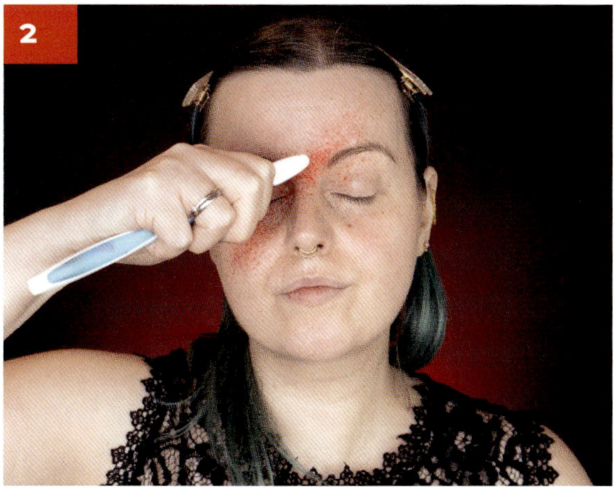

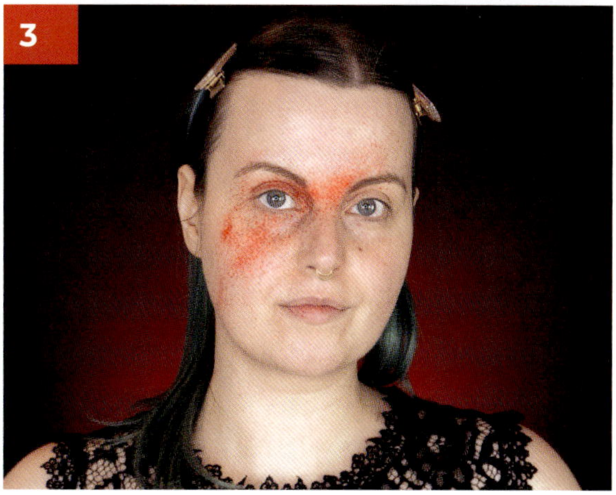

Last-Minute-Look:

Schusswunde

10 Minuten

MATERIAL

- weiches Hautwachs (DIY-Anleitung auf S. 46)
- Vaseline
- loses Puder
- Puderpinsel
- Foundation
- Wattestäbchen
- dickflüssiges oder leicht flüssiges Fake-Blut (DIY-Anleitung auf S. 43 und 45)

1 Reinige und entfette deine Haut vor der Anbringung des Hautwachses. Die meisten gekauften Hautwachsprodukte sind hart und du musst sie erst warm kneten, damit sie sich an die Haut schmiegen. Ich benutze daher für diesen Look weiches Hautwachs, mit dem ich gleich starten kann.

2 Rolle das Hautwachs zu einer Kugel und drücke sie an deine Stirn. Ziehe die Kugel links und rechts mit den Fingern glatt. Fahre nun vorsichtig mit den Fingern an den Rändern der Kugel entlang und drücke sie an die Haut. Achte darauf, die Beule in der Mitte zu behalten. Mit Vaseline kannst du die Ränder anschließend glattstreichen.

3 Wenn du mit den Übergängen zwischen der Beule und der Haut zufrieden bist, reinige deine Stirn von überschüssiger Vaseline. Pudere anschließend die Beule vorsichtig ab.

4 Trage etwas Foundation auf dein ganzes Gesicht und die Beule auf. Die Beule ist sehr leicht einzudrücken. Daher ist es hier besonders wichtig, vorsichtig zu arbeiten. Pudere die Beule danach wieder vorsichtig ab.

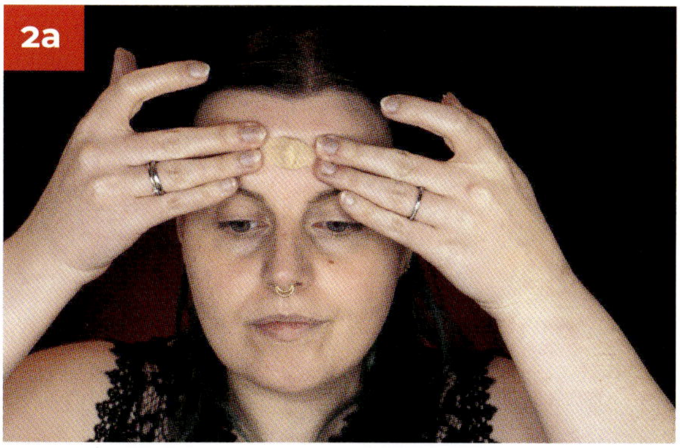
2a

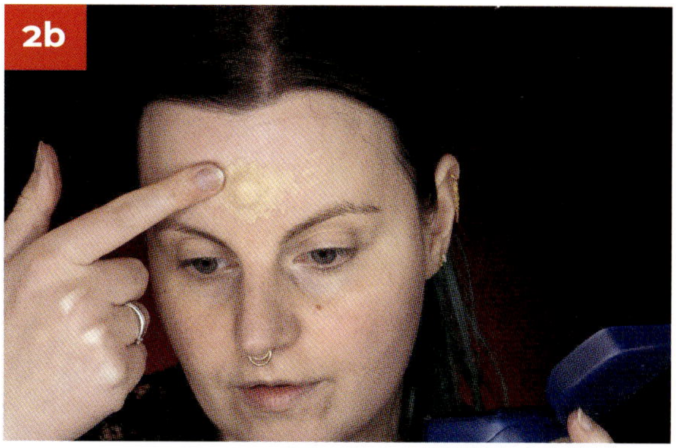
2b

3

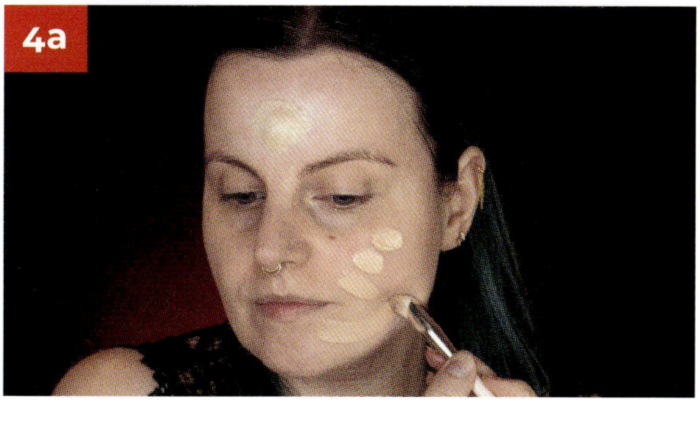
4a

4b

5 Drücke das Ende deines Pinselstiels mittig in die Beule. Ziehe den Pinselstiel mit langsamen, drehenden Bewegungen wieder aus der Beule heraus.

6 Tupfe mit einem Wattestäbchen vorsichtig dickflüssiges Fake-Blut in das Loch der Beule. Benutze evtl. noch ein Fake-Blut in einem anderen Farbton und tupfe es leicht um den Rand der Schusswunde herum.

7 Falls du noch einen Blutfluss aus der Wunde haben möchtest, tropfe vorsichtig 1–2 Tropfen flüssiges Fake-Blut in das Loch. Lege deinen Kopf dabei in den Nacken. Führe deinen Kopf anschließend wieder vorsichtig nach vorne, bis der Tropfen von alleine herunterfließt.

Siehe dir zu diesem Look auch gerne mein YouTube-Video an.

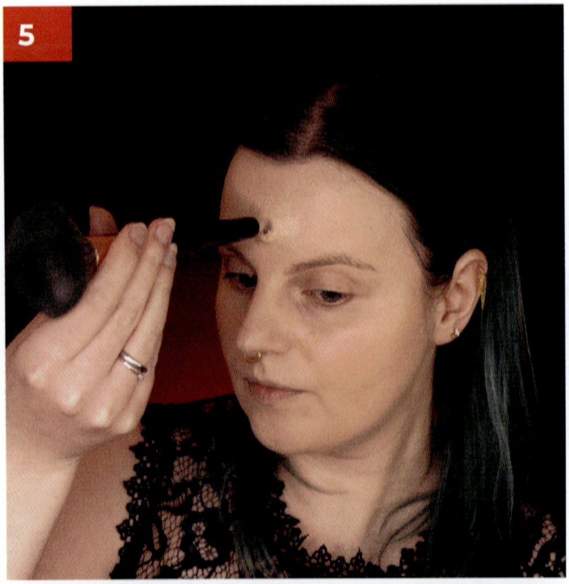
5

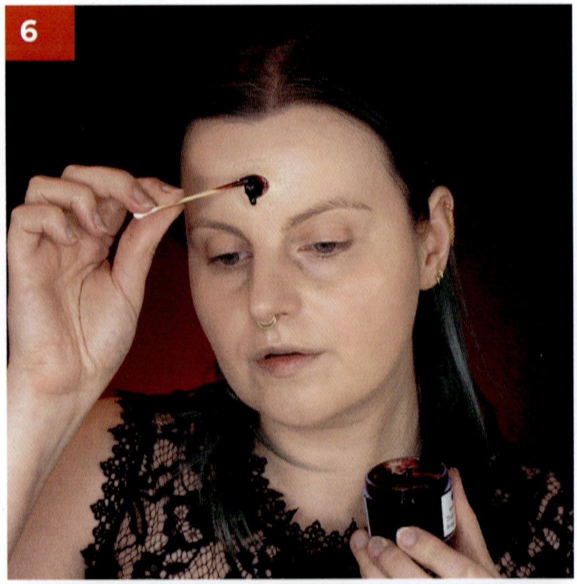
6

7a

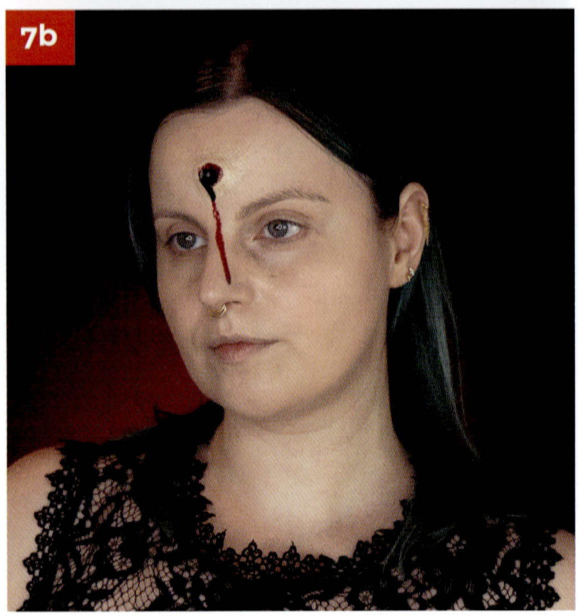
7b

Last-Minute-Look:

Vampir

20 Minuten

MATERIAL

- Concealer, der dich blass wirken lässt
- Puderpinsel
- Augenbrauenpomade
- Augenprimer
- Lidschatten in Schwarz, Hellgrau und Rot
- Lidschattenpinsel
- Kajal in Schwarz
- dichte, lange Wimpern zum Aufkleben und Wimpernkleber oder Wimperntusche in Schwarz
- sehr feiner Rundspitz-pinsel
- flüssiger Lippenstift in Rot (alternativ: wasserbasierte Farbe)
- evtl. rote Kontaktlinsen
- evtl. Vampirzähne

1 Benutze einen Concealer, um deine Haut blass zu schminken. Trage ihn auf wie eine Foundation.

2 Betone deine Augenbrauen mit Augenbrauenpomade. Schminke dann ein dunkles Augen-Make-up: Ich benutze zunächst einen Augenprimer, damit der Lidschatten besser zur Geltung kommt. Trage erst den schwarzen Lidschatten auf das Oberlid auf und schattiere die Ränder mit hellgrauem Lidschatten. Auf das Unterlid wenig schwarzen Lidschatten auftragen und diesen mit einem sauberen Lidschattenpinsel auslaufen lassen. Trage noch etwas roten Lidschatten unter dem Auge auf und verwische ihn mit dem Schwarz.

3 Fahre mit einem schwarzen Kajal vorsichtig über die Wasserlinie deines Auges. Klebe die Wimpern auf oder benutze Wimperntusche. Für die Äderchen unter dem Auge ziehe wie abgebildet mit schwarzem Lidschatten und einem sehr feinen Pinsel dünne Linien vom Auge weg.

1a

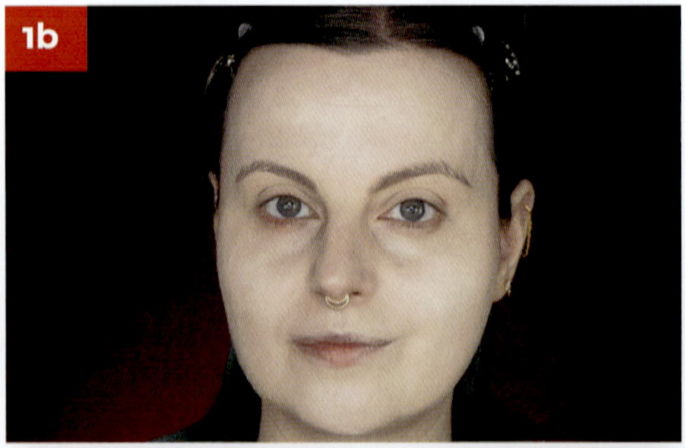
1b

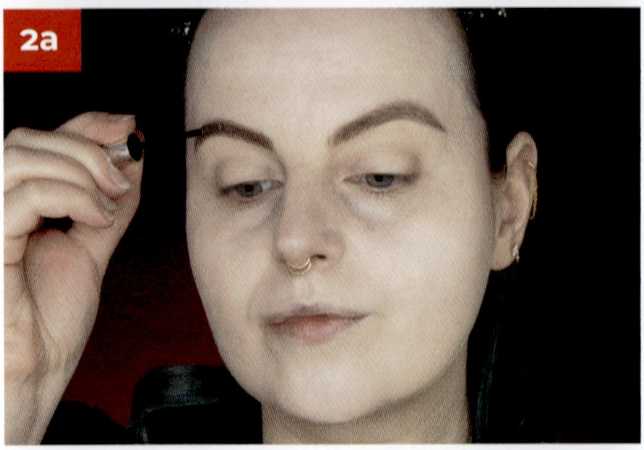
2a

2b

2c

2d

4 Gib Farbe von einem flüssigen Lippenstift in Rot auf deinen Handrücken. Nimm mit dem sehr feinen Pinsel wenig Farbe auf und streiche sie wieder auf deinem Handrücken ab, damit der Effekt nicht zu stark wird. Damit malst du die roten Linien unter dem Auge.

5 Trage zum Schluss flüssigen Lippenstift in Rot auf deine Lippen auf. In einem Mundwinkel malst du noch eine sehr dünne rote Linie auf. Am anderen Mundwinkel darf die Farbe wie Blut auslaufen.

TIPP: Zu diesem Look passen rote Kontaktlinsen oder Vampirzähne! Planst du einen Vampirlook mit extra Vampirzähnen, habe ich dir ein Tutorial auf YouTube vorbereitet.

3a

3b

4a

4b

5

Last-Minute-Look:

Blutsteine

25 Minuten

MATERIAL

- wasserbasierte Farbe in Rot
- großer, flacher Malerpinsel
- kleinerer Flachpinsel
- Faden
- Zahnbürste
- Wimpernkleber
- Strasssteinstift (oder Wachsmalstift)
- Strasssteine in Rot in zwei Größen
- Kajal in Braun
- Lippenstift in Rot
- Wimpern zum Aufkleben und Wimpernkleber oder Wimperntusche in Schwarz

1 Verdünne die wasserbasierte Farbe mit Wasser, sodass sie ausreichend flüssig zum Verspritzen ist. Nimm viel rote Farbe mit dem Malerpinsel auf. Spritze die rote Farbe mit viel Schwung auf dein Gesicht. Es ist einfacher, wenn das jemand anderes macht.

2 Ziehe mit einem schmaleren Pinsel eine rote Linie von oben nach unten über dein Gesicht. Tauche einen Faden in die rote Farbe und drücke ihn in dein Gesicht, um feine, gerade Linien zu schaffen.

3 Mit einer Zahnbürste kannst du noch feinere Blutspritzer zaubern: Tauche dafür die Zahnbürste in die verdünnte Farbe und spritze mit Hilfe deines Fingers die Farbe von der Zahnbürste in dein Gesicht.

4 Fahre die roten Linien mit dem Wimpernkleber nach. Mit dem Strasssteinstift nun die Strasssteine einzeln darauf platzieren. Achte hier auf die Größe der Steine: die kleinen Strasssteine auf die dünnen Linien, die großen Strasssteine auf die breite Linie setzen. Du kannst auch einzelne große Blutspritzer mit Strasssteinen verzieren.

5 Vervollständige den Look mit braunem Kajal, rotem Lippenstift und Wimpern zum Aufkleben oder Wimperntusche.

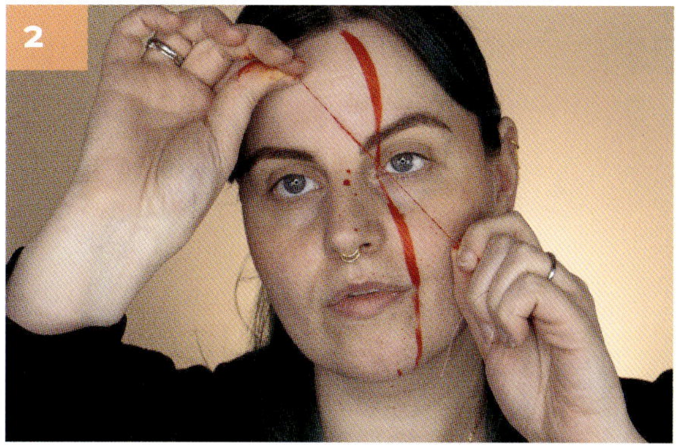

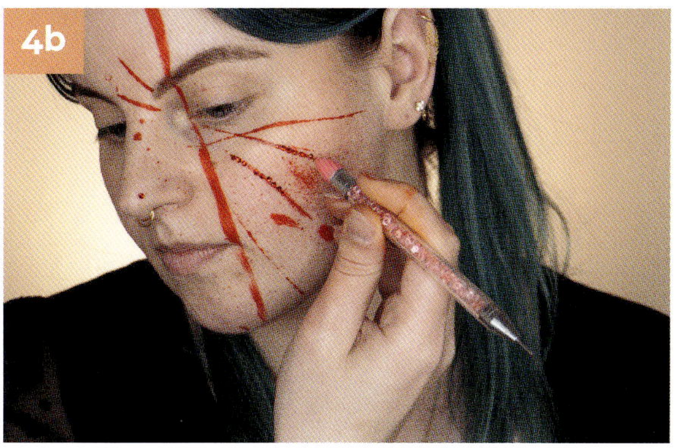

Neon Skull

25 Minuten

MATERIAL

- Kajal in Weiß
- Lidschatten in Rosa, Weiß und Rot
- Make-up-Pinsel
- evtl. Wattestäbchen
- wasserbasierte Farbe in Weiß
- feiner Rundspitzpinsel
- Wimperntusche in Schwarz oder Wimpern zum Aufkleben und Wimpernkleber
- Kontaktlinse in Weiß

1 Male mit einem weißen Kajal das Motiv auf: Ziehe für die Zähne erst gerade Striche von oben nach unten und dann einen diagonalen Strich durch die Mitte der Striche.

2 Fahre mit dem rosa Lidschatten und einem Make-up-Pinsel die weißen Linien nach. Durch den weißen Untergrund wirkt der Lidschatten noch intensiver. Mit einem Wattestäbchen kannst du feine Stellen ausbessern.

3 Male dann mit einem Rundspitzpinsel und der weißen Farbe erneut über das Motiv. Die weiße Linie sollte dünner sein als die Ursprungslinie.

4 Trage auf der nicht bemalten Seite deines Gesichts ein passendes Augen-Make-up auf: Erzeuge mit Lidschatten in drei passenden Farbtönen einen Farbverlauf. Ergänze den Look mit Wimperntusche oder Wimpern zum Aufkleben und weißem Kajal.

5 Lege eine weiße Kontaktlinse in das Auge auf der bemalten Seite.

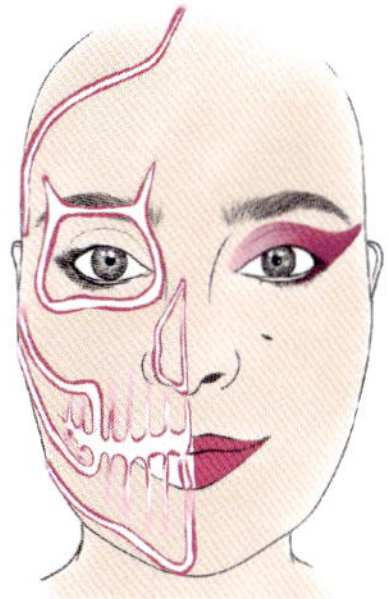

1

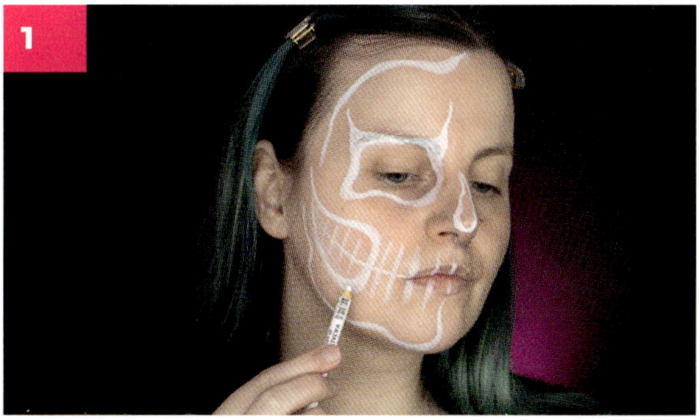

2

3

4

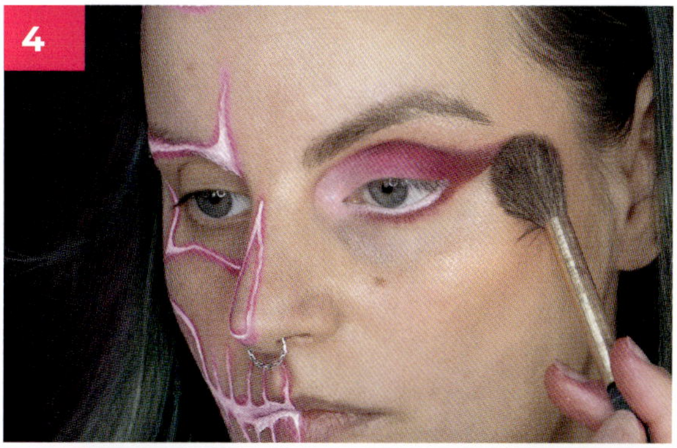

5

Schildmaid

1 Stunde

MATERIAL

- Cremefarbe in Schwarz
- Lidschatten in Schwarz
- Blenderpinsel
- Kajal in Schwarz
- wasserbasierte Farbe in Schwarz, Rot (oder roter Lippenstift) und Weiß
- feiner Rundspitzpinsel
- Zahnbürste
- Stoppelschwamm

1 Nimm etwas schwarze Cremefarbe mit den Fingern auf und wische sie über deine geschlossenen Augen. Verwische die Farbe mit den Fingern von innen nach außen.

2 Trage mit einem Blenderpinsel schwarzen Lidschatten auf dein oberes und unteres Augenlid auf. Fahre mit einem Kajal über die Wasserlinie deines Auges.

3 Male mit dem Rundspitzpinsel und schwarzer wasserbasierter Farbe Streifen auf dein Gesicht auf. Orientiere dich dabei am Foto. Bemale deine Lippen mit roter wasserbasierter Farbe oder rotem Lippenstift.

4 Nimm mit deinen Fingern schwarze Farbe auf. Fahre mit den Fingern entlang der bereits aufgemalten Linien, verlängere sie zum Hals hin und lass sie auslaufen. Schattiere dann noch deine Nasenflügel mit schwarzem Lidschatten.

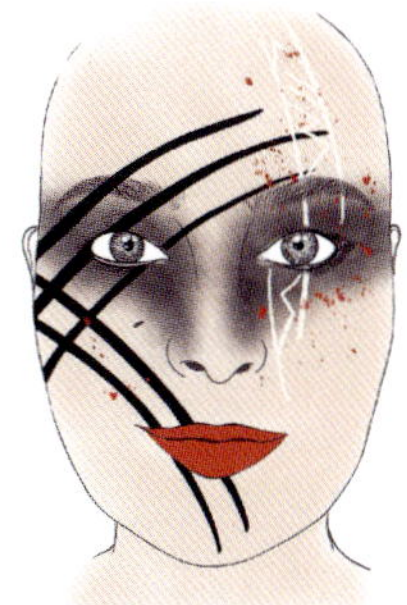

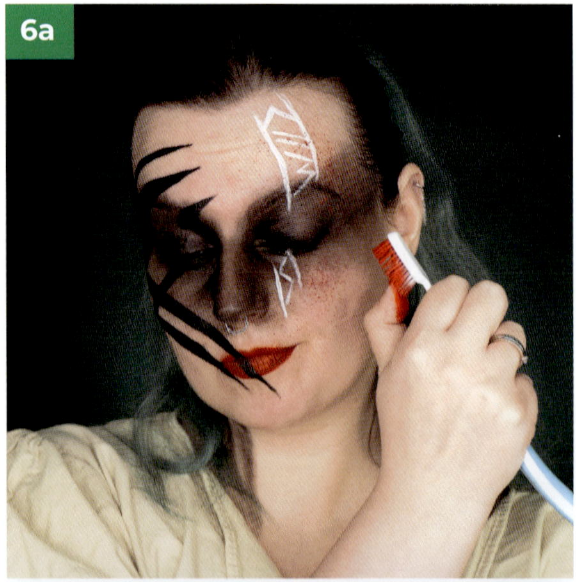

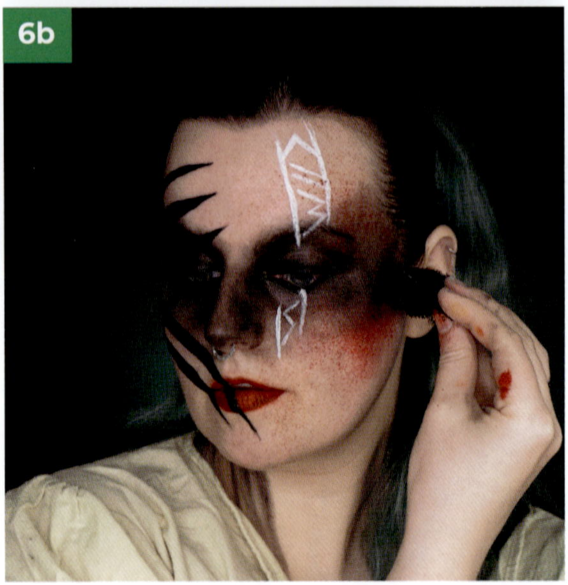

5 Male mit dem Rundspitzpinsel und weißer wasserbasierter Farbe wie abgebildet zwei parallele Linien sowie die Symbole dazwischen auf.

6 Erzeuge mit einer Zahnbürste und roter wasserbasierter Farbe Blutspritzer. Benutze einen Stoppelschwamm für intensivere Blutspritzer.

7 Tupfe abschließend mit dem Stoppelschwamm noch etwas rote Farbe auf deine Ohren auf.

TIPP: Mit einem Wattestäbchen und/oder einem Abschminktuch kannst du Linien ausbessern.

TIPP: Falls du einen Narbeneffekt schaffen möchtest, kannst du noch mit Collodium über die schwarzen Linien fahren. Achte jedoch darauf, mit Collodium nicht über deine Augenbrauen zu gehen.

Elfe

30 Minuten

MATERIAL

- schräger Lidschattenpinsel
- Lidschatten in Schwarz
- Kajal in Weiß
- wasserbasierte Farbe in Weiß
- feiner Rundspitzpinsel
- Make-up-Schwamm
- Foundation
- Rouge
- Highlighter
- Lippenstift in Orange
- Wattestäbchen
- Eyeliner in Weiß
- 2 Paar Wimpern zum Aufkleben, davon eine Cat-Eye-Variante, und Wimpernkleber
- Perücke
- Elfenohren

1 Ziehe mit dem schrägen Lidschattenpinsel und schwarzem Lidschatten eine Linie am oberen Augenlid: Die Linie sollte vom äußeren Augenwinkel bis zur Mitte des Auges reichen und zur Mitte hin schwach auslaufen. Setze etwas unterhalb deines Auges eine weitere schwarze Linie.

2 Male die freie Stelle zwischen der Linie unter dem Auge und der Wasserlinie deines Auges wie abgebildet mit weißem Kajal aus. Wenn du das Ergebnis noch etwas leuchtender haben möchtest, kannst du die weißen Stellen zusätzlich noch mit weißer wasserbasierter Farbe nachfahren.

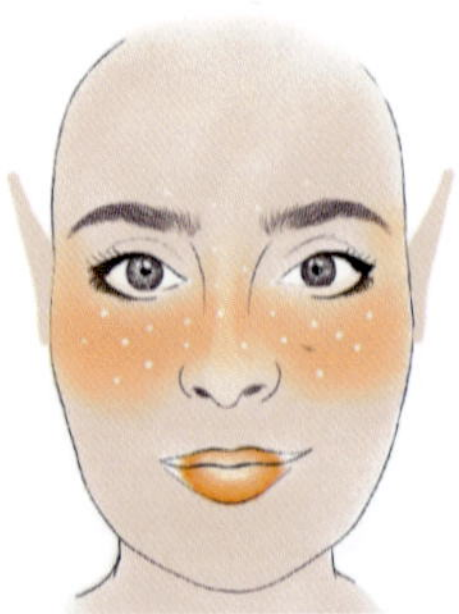

1

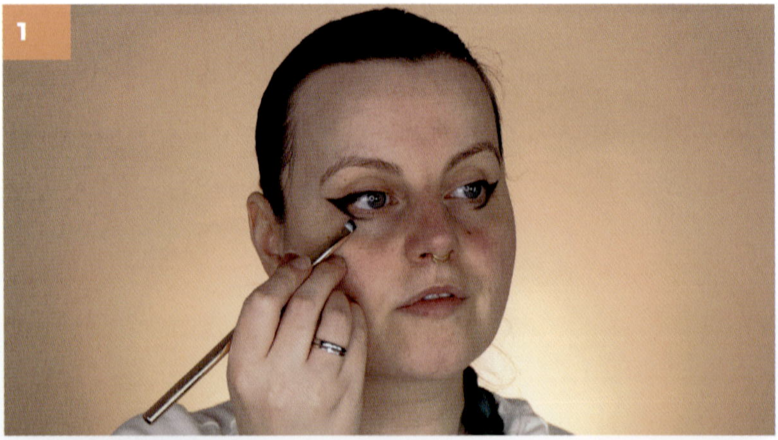

2

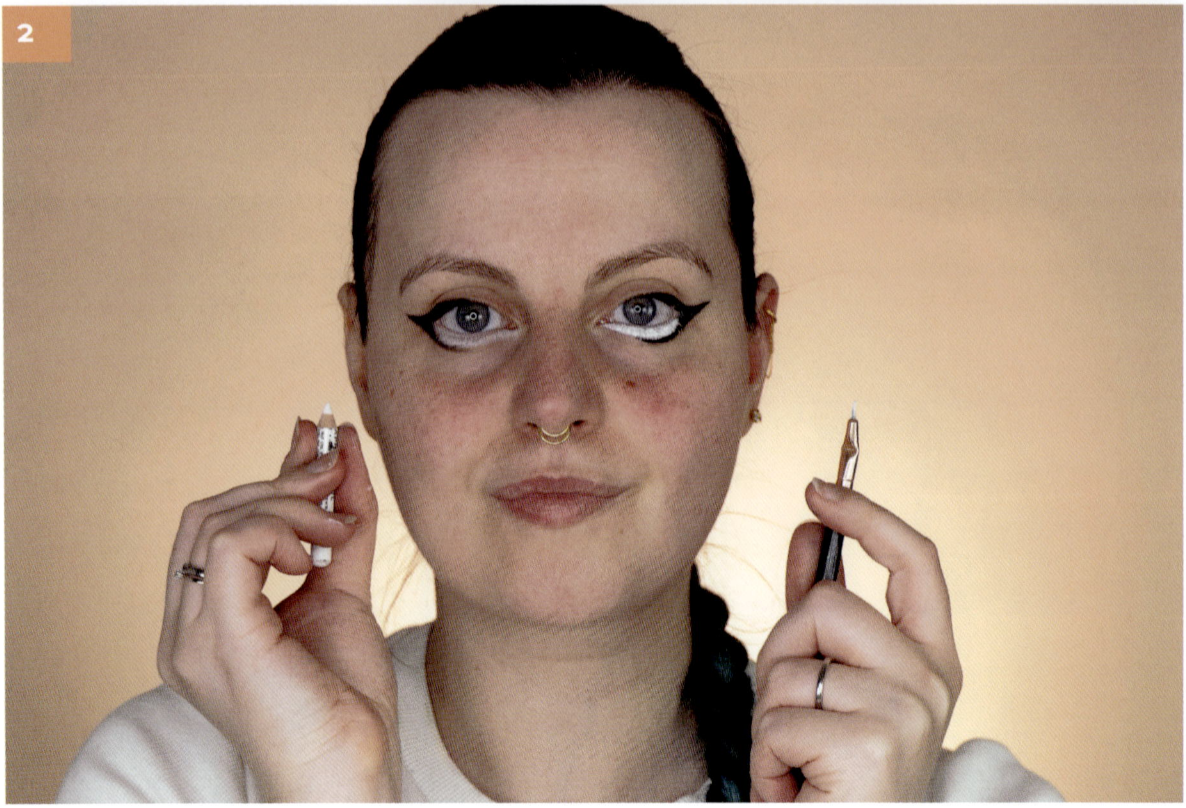

3 Schminke dich jetzt weiter: Trage Foundation auf und ergänze kräftig Rouge. Lass das Rouge großzügig auslaufen, auch über den Nasenrücken hinweg. Akzentuiere einige Bereiche wie Nasenspitze, Wangenknochen oder den Bereich unterhalb der Augenbrauen mit Highlighter.

4 Bedecke auch deine Lippen mit Foundation und trage den Lippenstift wie abgebildet nur mittig auf. Verwische mit dem Finger die Ränder des Lippenstifts, sodass die Lippen leicht verschwommen wirken.

5 Setze weiße Punkte mit einem Wattestäbchen und weißer wasserbasierter Farbe. Mit weißem Eyeliner können noch kleinere Punkte gesetzt werden.

6 Setze die Cat Eye-Wimpern nur zu etwa zwei Dritteln auf dein oberes Augenlid auf. Benutze für den unteren, bemalten Augenbereich dezentere Wimpern. Die Wimpern dürfen lang sein, sodass das Auge größer aussieht.

7 Eine Perücke und Elfenohren komplettieren deinen Look.

5a

5b

6a

6b

Schlangenmensch

20 Minuten

MATERIAL

- Netzstrumpfhose
- Lidschatten in Erd- und Grüntönen
- verschiedene Make-up-Pinsel (Blenderpinsel, Puderpinsel, Lidschattenpinsel, Augenbrauenpinsel)
- Augenprimer
- Wimpern zum Aufkleben und Wimpernkleber oder Wimperntusche in Schwarz
- Kajal in Schwarz
- Foundation
- Lipliner in Grün
- Lipgloss
- Cat-Eye-Kontaktlinsen

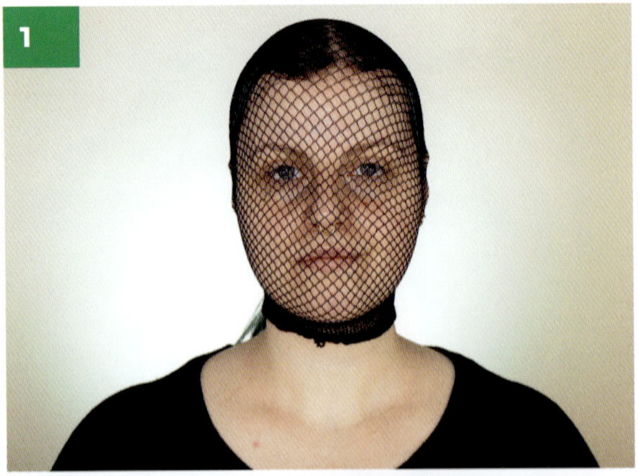

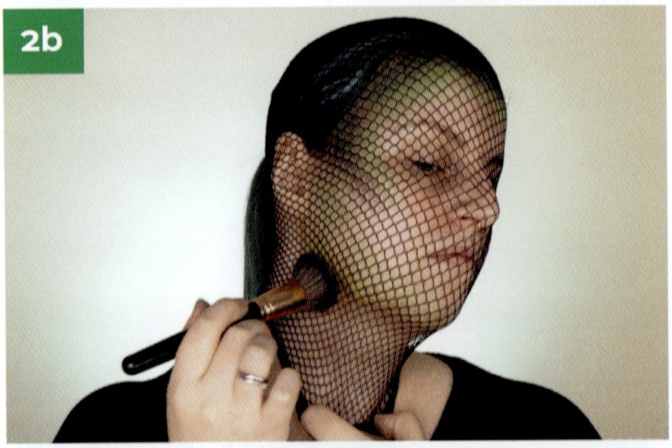

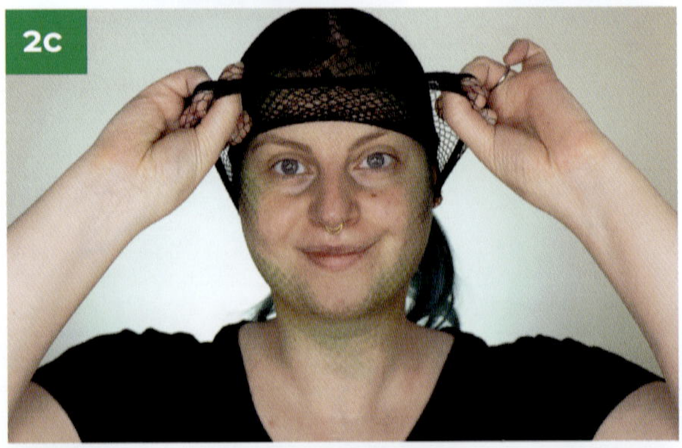

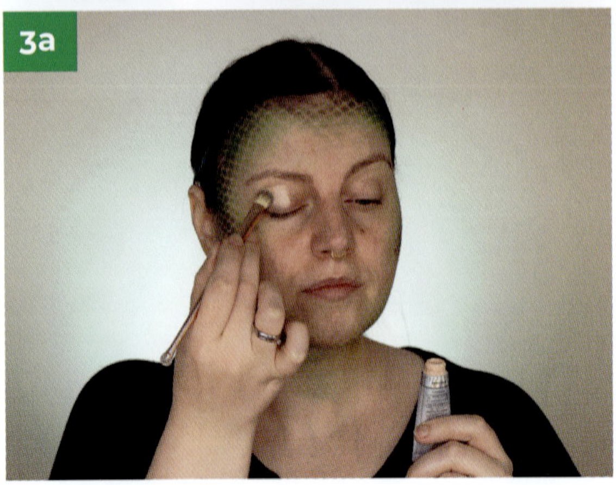

1 Ziehe die Netzstrumpfhose über den Kopf, sodass vom Scheitel bis zum Hals alles bedeckt ist.

2 Tupfe den Lidschatten in Erd- und Grüntönen auf dein Gesicht auf. Beginne dabei an der Stirn und benutze mehrere Farben, um die Haut zu schattieren. Arbeite dich von oben nach unten bis zum Hals vor. Entferne dann die Netzstrumpfhose. Korrigiere einzelne Stellen am Haaransatz, falls notwendig.

3 Trage Lidschatten in den verwendeten Farben auf dein Augenlid auf. Mit Augenprimer kommen die Farben noch besser zur Geltung. Ziehe mit der dunkelsten Farbe des Lidschattens wie abgebildet eine sehr lange Linie vom Auge nach außen. Benutze den Lidschat-

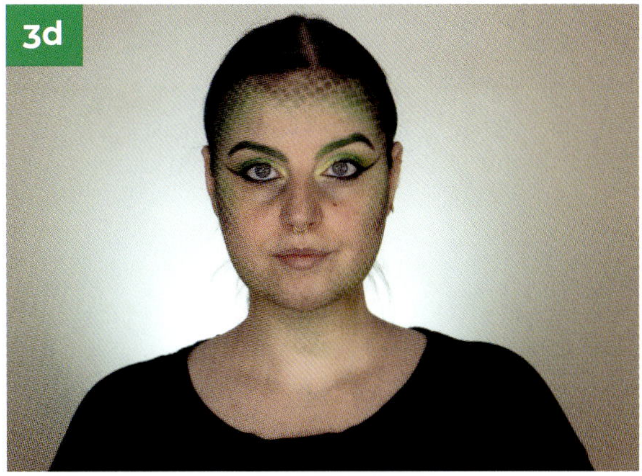

ten ebenfalls für die Bemalung der Augenbrauen. Wimpern zum Aufkleben oder Wimperntusche und schwarzer Kajal vollenden das Augen-Make-up.

4 Verteile vorsichtig etwas Foundation auf dem restlichen Gesicht. Male mit dem Lipliner die Lippen aus und trage glänzenden Lipgloss auf.

5 Setze zum Schluss die Kontaktlinsen ein – und der Schlangenlook ist perfekt.

TIPP: Alternativ zur Netzstrumpfhose kannst du auch Schablonen mit verschiedenen Mustern verwenden.

Festival

20 Minuten +
10 Minuten DIY-Vorbereitung

MATERIAL

Für das DIY-Muster

- Alufolie oder Backpapier
- Heißklebepistole und Heißkleber
- Strasssteine in verschiedenen Größen und Farben

Für den Look

- Make-up-Pinsel
- Foundation
- Rouge
- Lidschatten und Lidschattenpinsel
- Lippenstift in Lila
- Wimpern zum Aufkleben und Wimpernkleber oder Wimperntusche in Schwarz
- Strasssteine und ggf. Strasssteinstift
- evtl. Glitzergel
- evtl. Highlighter

DIY: Steinchen-Muster

1 Verteile etwas Heißkleber auf der Alufolie und lege zügig die Strasssteine auf.

2 Lücken zwischen den Strasssteinen kannst du mit kleineren Strasssteinen füllen. Schnelle Arbeit ist hier gefragt, da der Heißkleber schnell trocknet. Wenn du alle Steine aufgeklebt hast, lass alles für einen kurzen Moment trocknen.

3 Ziehe die miteinander verklebten Steine vorsichtig von der Alufolie.

LOOK

1 Schminke dich mit deinem Wunsch-Make-up. Es darf ruhig etwas knalliger sein.

2 Wenn du mit deinem Make-up fertig bist, benötigst du Wimpernkleber, um dein selbstkreiertes Strassstein-muster aufzukleben. Prüfe zunächst, wo du dein Muster auf der Stirn ankleben möchtest. Streiche ausgiebig Wimpernkleber auf die Rückseite des Musters und drücke die Rückseite dann an deine Stirn. Nimm das Muster anschließend sanft wieder ab. Streiche mehr Wimpernkleber auf die Klebestelle im Gesicht und drücke das Muster fest auf die Klebestelle.

1a

1b

2a

2b

3 Tupfe Wimpernkleber an weiteren Stellen in dein Gesicht, um weitere Strasssteine zu befestigen, z. B. an den Schläfen.

4 Du kannst auch noch etwas Glitzergel an deinem Haaransatz verteilen. Falls du noch mehr Glitzereffekt haben möchtest, kannst du auch noch einen leicht schimmernden Highlighter auf deinen Lippenstift auftupfen.

Stift

20 Minuten

MATERIAL

- Bleistift
- Flüssiglatex
- Watte
- feiner Silikonpinsel
- Foundation
- Blender-Pinsel
- wasserbasierte Farbe in Rot und Schwarz
- mittlerer Rundspitzpinsel
- Stoppelschwamm
- Cremefarbe in Hautfarbe und Lila
- flüssiges Fake-Blut (DIY-Anleitung auf S. 45)

1 Zunächst brauchst du einen Bleistift, den du durchbrichst und an den Bruchstellen stumpf schneidest. Anschließend tauchst du die Bruchstellen vorsichtig in Latex ein und umwickelst sie mit Watte. Für eine präzisere Arbeit benutze einen Silikonpinsel.

2 Prüfe dann, wo du den Stift platzieren möchtest. Tauche das Ende mit der Watte vorsichtig in Latex und drücke es auf die gewünschte Stelle im Gesicht. Halte den Stift für eine kurze Zeit in dieser Position.

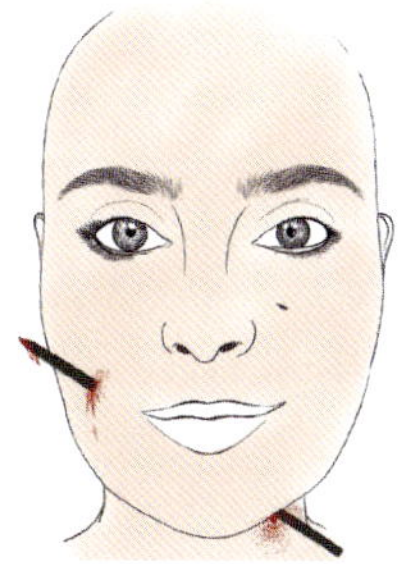

1a

1b

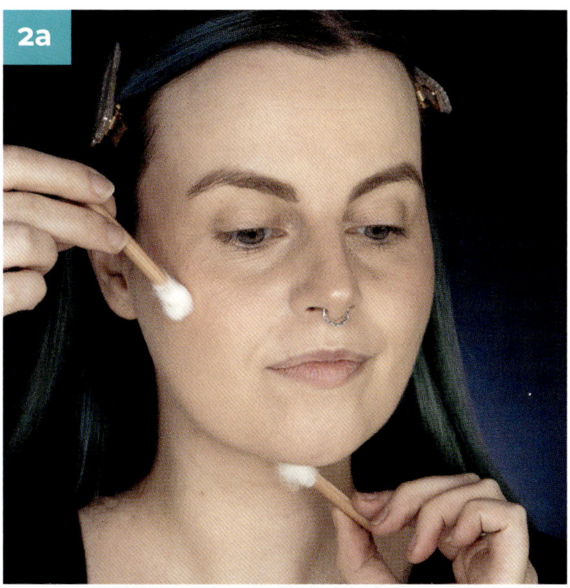

2a

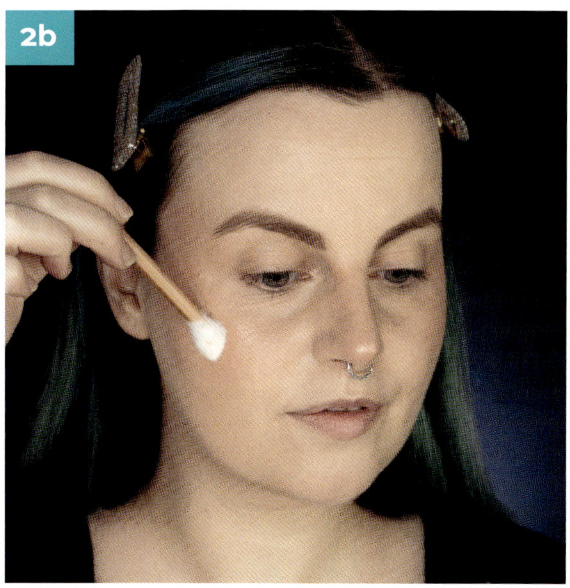

2b

3 Sobald der Latex angetrocknet ist, lass den Stift los. Tauche etwas Watte vorsichtig in Latex und fixiere den Stift damit. Streiche die Watte mit einem Silikonpinsel und Latex glatt. Achte darauf, dass die oberste Schicht Watte komplett mit Latex überdeckt ist.

4 Wiederhole den Vorgang mit dem zweiten Stiftende.

5 Sobald der Latex getrocknet ist, überdecke alles mit Foundation. Die Stiftaustrittsstelle und den Stift mit roter wasserbasierter Farbe bemalen. Mische für mehr Tiefe sehr wenig Schwarz hinzu.

3a

3b

4

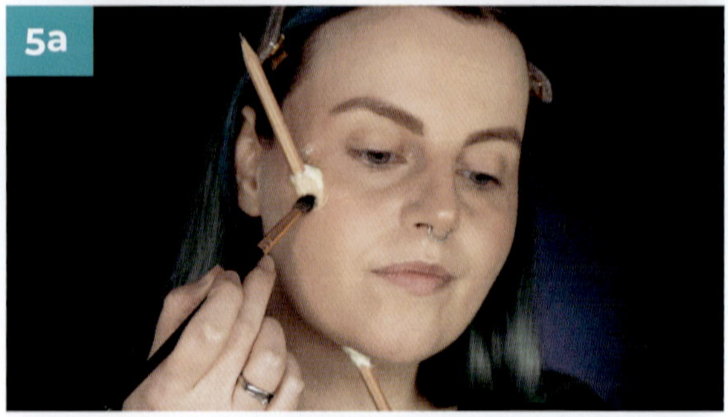
5a

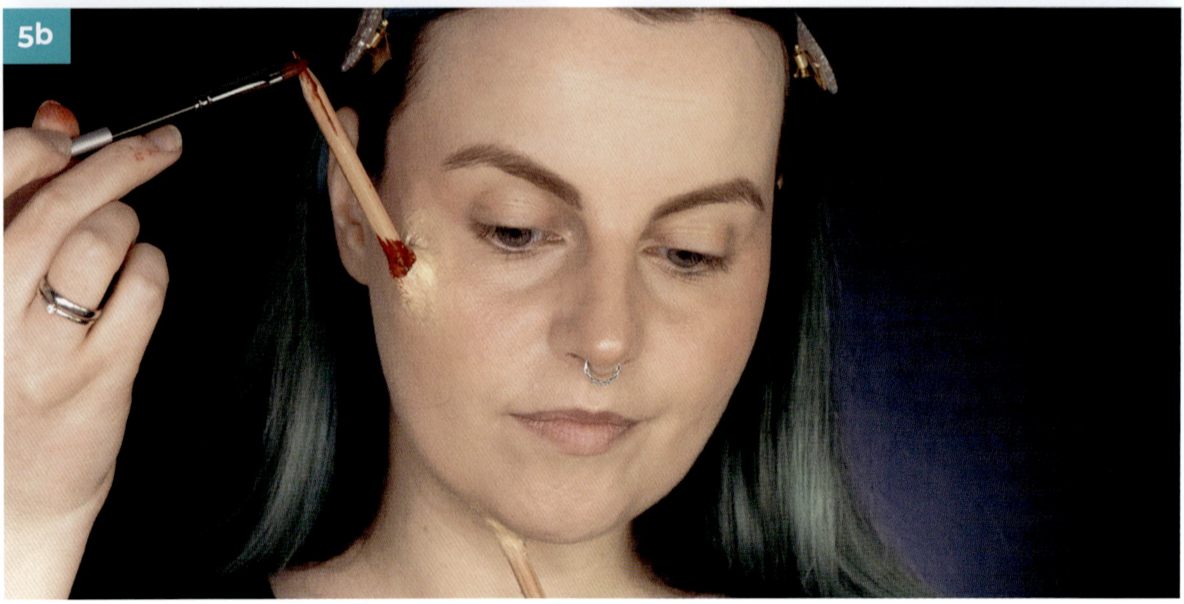
5b

6 Setze mit roter wasserbasierter Farbe und einem Stoppelschwamm Blut-Spritzer um den Stift herum. Während die Farbe trocknet, bemale mit Cremefarbe in Hautfarbe und Lila die Austrittstelle des Stifts.

7 Tupfe erneut wenig rote Farbe mit dem Stoppelschwamm um den Stift herum. Bemale auf diese Weise auch sehr leicht deine Schläfen und deine Stirn.

8 Tropfe etwas flüssiges Fake-Blut an die Spitze und an das Ende des Stifts. Das Blut darf ruhig wie abgebildet hinunterfließen. Wiederhole den Vorgang am anderen Stiftende.

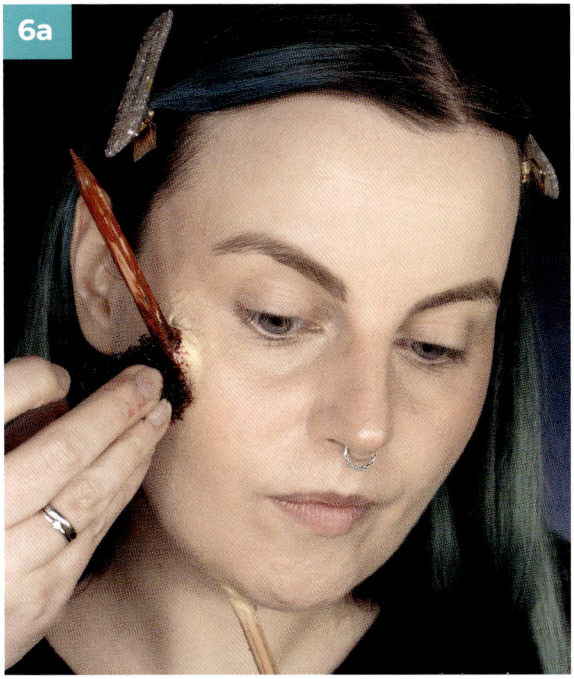

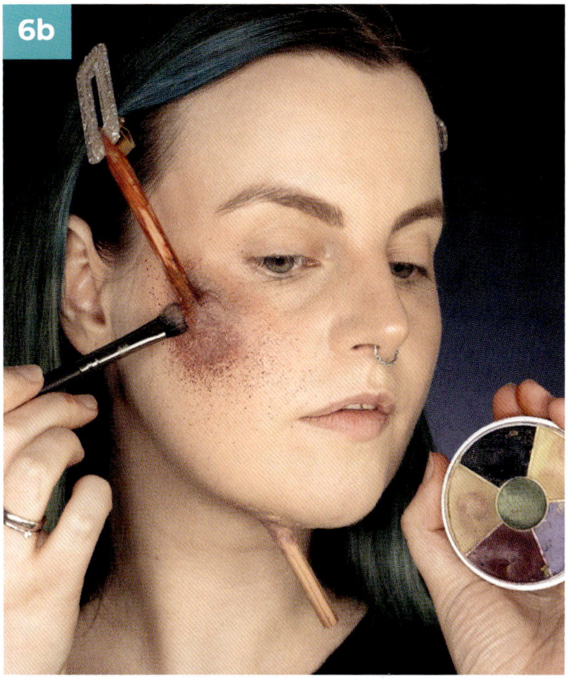

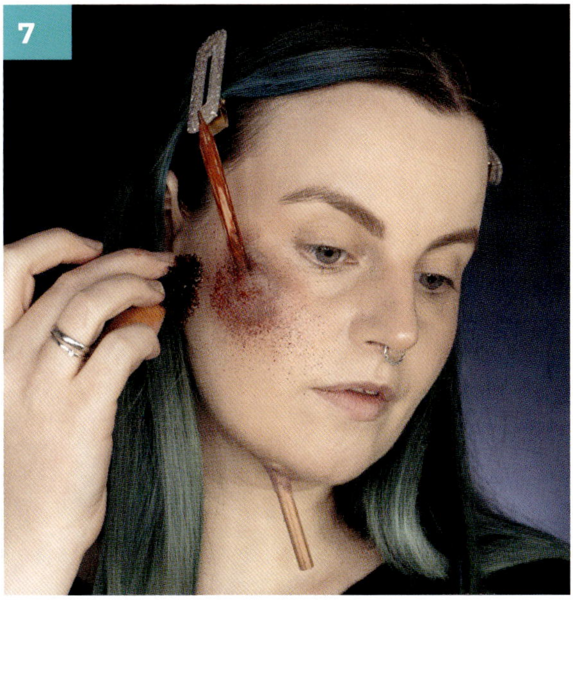

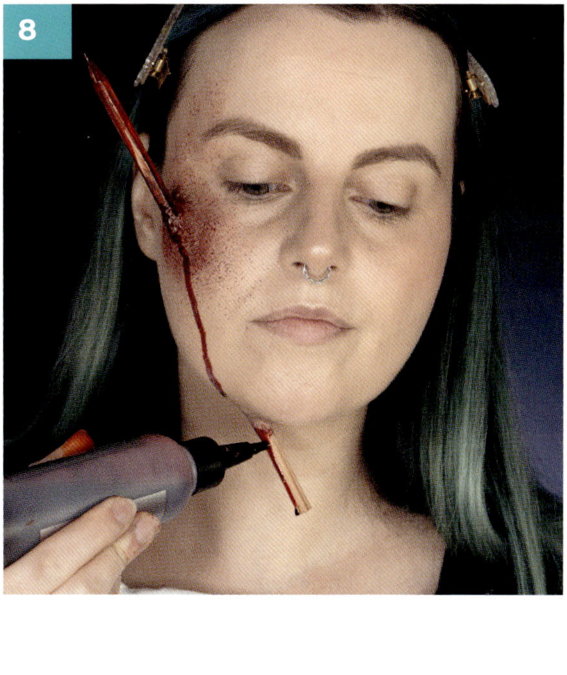

Liebesträumerin

2–4 Stunden +
1 ½ Stunden DIY-Vorbereitung

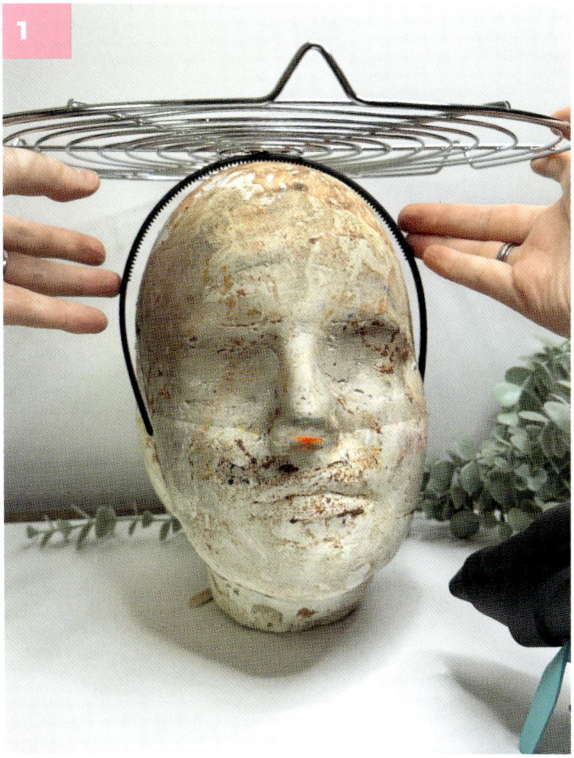

MATERIAL

Für die DIY-Wolke

- Heißkleber und Heißklebepistole
- Haarreif
- Kuchengitter
- Nähgarn in Weiß
- Herzanhänger in Gold
- batteriebetriebene Lichterkette
- Watte

Für den Look

- wasserbasierte Farbe in Hellrosa, Mittelrosa, Dunkelrosa
- 2 runde Schwämme
- Lidschatten in matten und schimmernden Rosatönen
- Lidschattenpinsel
- Wimperntusche in Pink oder Wimpern zum Aufkleben in Pink und Wimpernkleber
- Augenbrauenstift
- Kajal in Lila
- Lippenstift in Beere
- Perücke
- feiner Rundspitzpinsel
- Zahnbürste
- Effektpinsel

DIY: WOLKE

1 Gib Heißkleber oben auf den Haarreif. Klebe das Kuchengitter auf und verstärke das Ganze mit Kleber. Hast du keinen geeigneten Styroporkopf, auf den du den Haarreif aufsetzen kannst, kannst du das Kuchengitter auf einen Tisch legen und den Haarreif darauf aufkleben.

2 Knote Nähgarn in Weiß an die Herzanhänger und befestige die Anhänger am Kuchengitter. Damit sich die Knoten nicht lösen, klebe die Fäden mit der Heißklebepistole fest.

3 Klebe das Batteriegehäuse der Lichterkette auf das Kuchengitter und lege die Lichterkette um das Kuchengitter herum.

4 Klebe die Watte auf das Kuchengitter und achte darauf, das Kuchengitter ganz zu verstecken.

LOOK

1 Tupfe mit einem runden Schwamm die mittelrosa Farbe auf dein Gesicht auf und lass die Mitte des Gesichts frei. Bemale mit einem sauberen Schwamm die freie Stelle mit

3

4

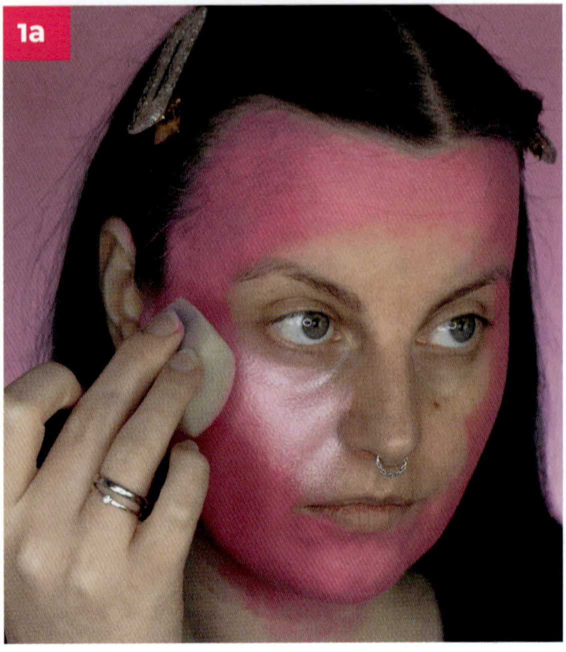

1a

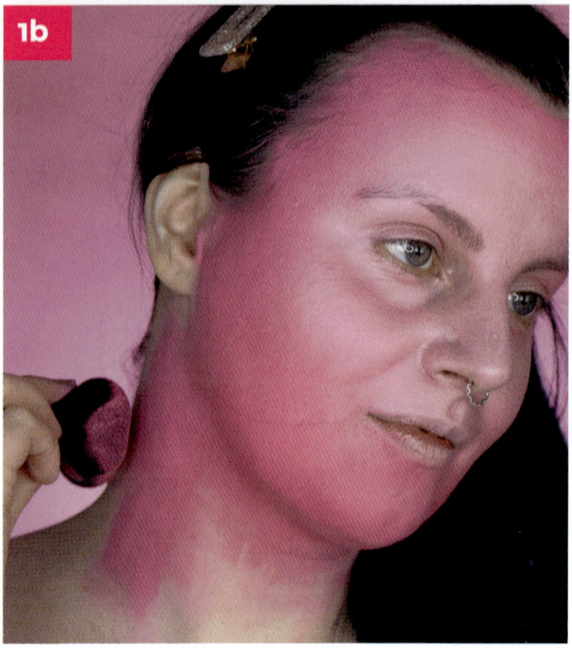

1b

der hellrosa Farbe. Auch den Hals mit der mittelrosa Farbe bemalen.

2 Füge ein passendes Make-up hinzu: Trage Lidschatten auf. Wähle zwischen Wimperntusche oder Wimpern zum Aufkleben in Pink und betone deine Augenbrauen. Bemale mit einem lila Kajal die Wasserlinie deines Auges. Schminke deine Lippen mit Lippenstift.

3 Schattiere mit Lidschatten den Kiefer und den Hals etwas dunkler und setze eine Perücke auf.

4 Füge wie abgebildet mit der dunkelrosa Farbe und einem feinen Pinsel Konturen hinzu und male wie abgebildet verschiedene Symbole auf das Gesicht und den Hals auf.

5 Benutze eine Zahnbürste, um mit dunkelrosa Farbe Spritzer auf Gesicht und Dekolleté aufzutragen. Mit einem Effektpinsel kannst du Schattierungen hinzufügen.

TIPP: Die Wolke ist bei diesem Look definitiv der Hingucker! Daher tritt das Facepaint eher in den Hintergrund. Du kannst hier ganz nach Lust, Erfahrung und Zeit den Look dezenter oder auffälliger gestalten.

Gesichter

2 Stunden

MATERIAL

- Glatzenkappe (DIY-Glatzenkappe aus Frischhaltefolie siehe S. 34)
- Kopf einer Barbiepuppe
- Kopf einer Babypuppe
- Watte
- Flüssiglatex
- feiner Silikonpinsel
- GF-Qat N Soft Gel
- Foundation
- feiner Rundspitzpinsel
- festes gelartiges Fake-Blut (DIY-Anleitung auf S. 44)
- Cremefarbe in Rot, Lila, heller und dunkler Hautfarbe
- fester Lidschattenpinsel
- Stoppelschwamm
- dickflüssiges Fake-Blut (DIY-Anleitung auf S. 43)
- schmaler Spachtel
- evtl. Einweghandschuhe

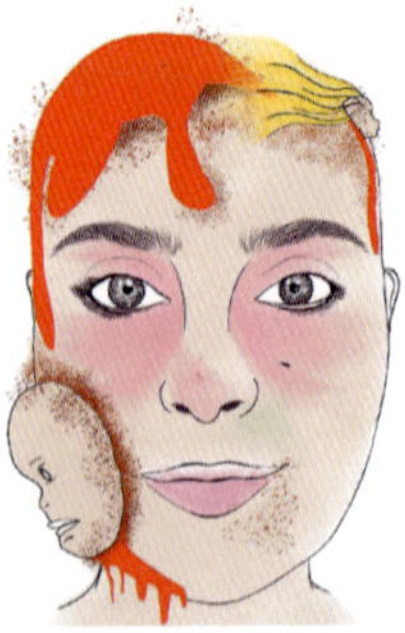

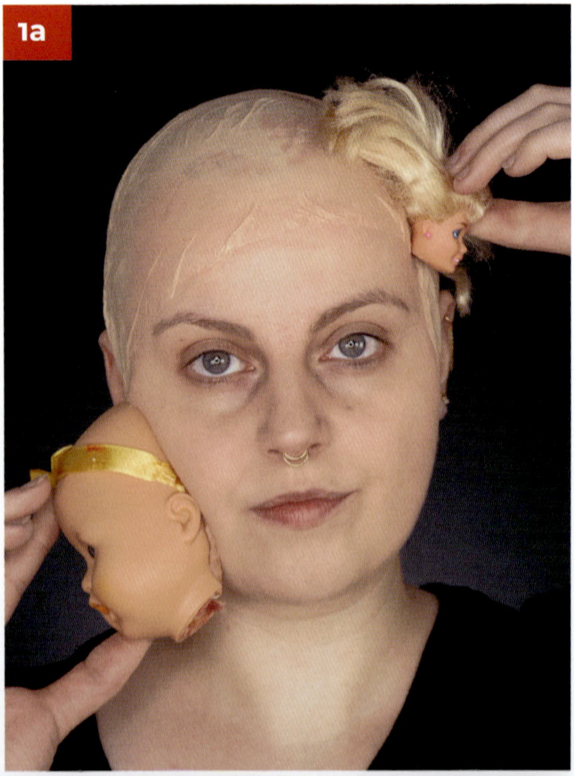

1a

1 Du benötigst eine Glatzenkappe. Ich habe eine DIY-Glatzenkappe aus Frischhaltefolie verwendet (S. 34). Entferne die Köpfe der beiden Puppen. Den größeren Kopf habe ich halbiert und mit in Latex getränkter Watte gefüllt. Prüfe, an welchen Stellen du die Köpfe in deinem Gesicht anbringen möchtest. Benutze eventuell weitere Watte und Latex, um die Köpfe mit ausreichender Fläche auf deinem Gesicht aufsetzen zu können.

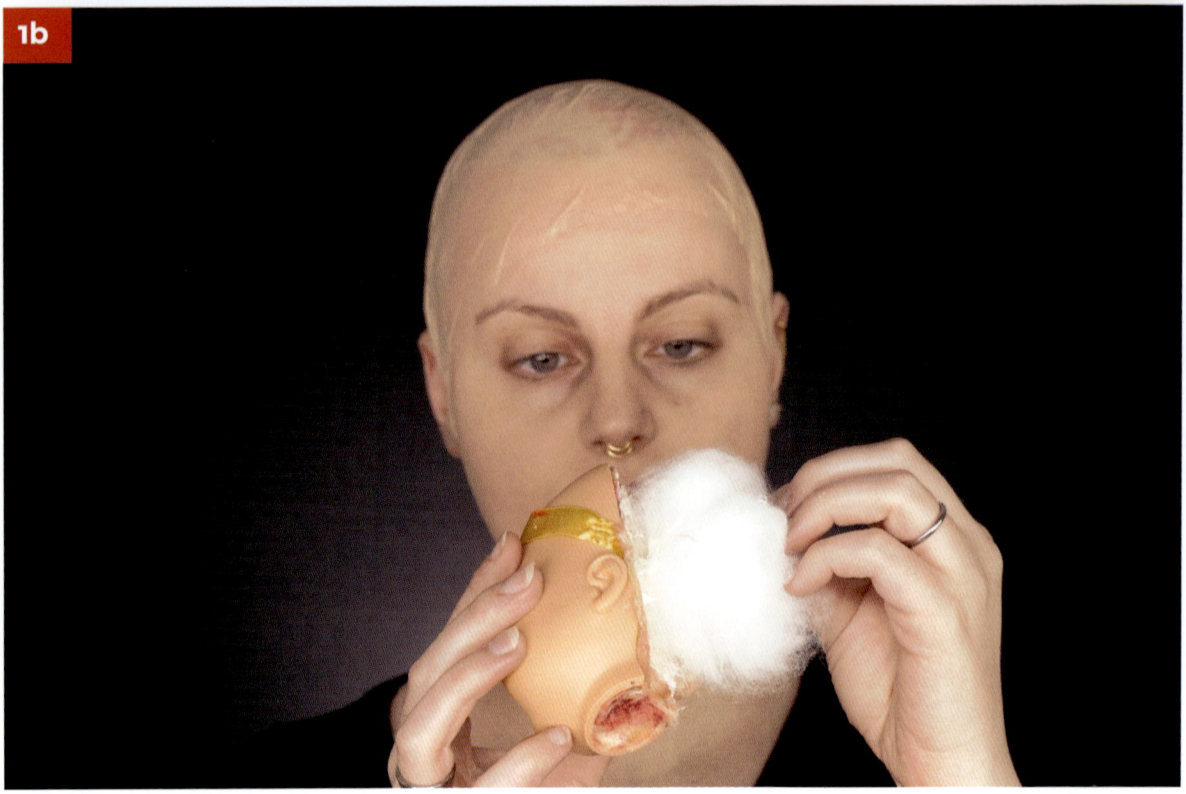

1b

2 Platziere den kleineren Kopf auf deinem Gesicht. Platziere etwas Watte rings um den Kopf und bestreiche diese mit Latex, sodass sich dadurch dein Gesicht und der Kopf verbinden. Halte den Kopf fest, solange der Latex trocknet.

3 Befestige nun die Puppenhaare auf deinem Kopf. Tage dazu GF-Qat N Soft Gel auf deiner Haut auf und drücke die Puppenhaare an. Betreiche diese auch mit Gel. Sie bekommen dadurch nicht nur einen „Wet"-Effekt, sondern der Kopf hält dann auch besser.

4 Mittlerweile müsste der Kopf halten. Benutze Foundation, um den Übergang zwischen dem Kopf und deiner Haut zu überdecken.

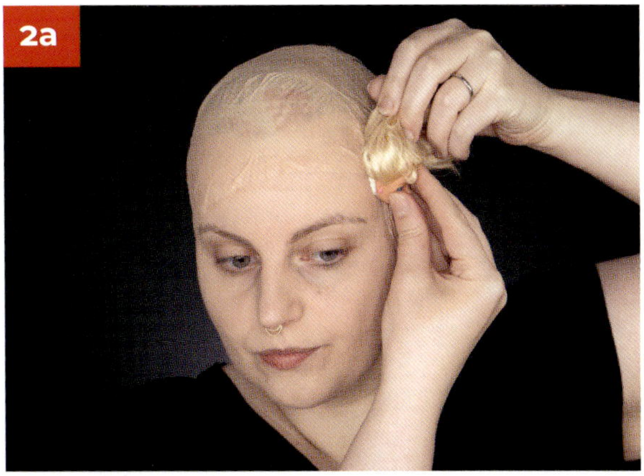
2a

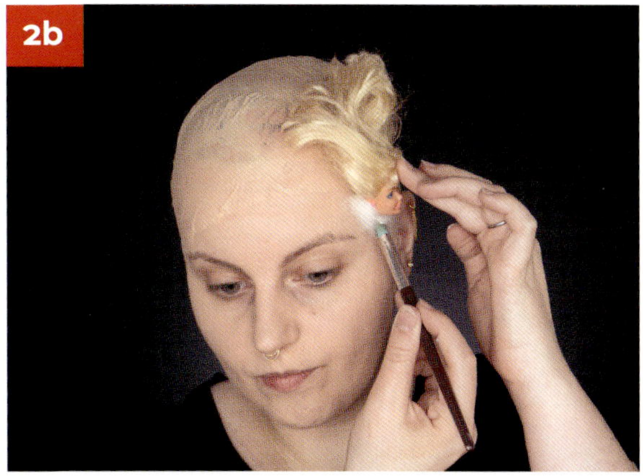
2b

3a

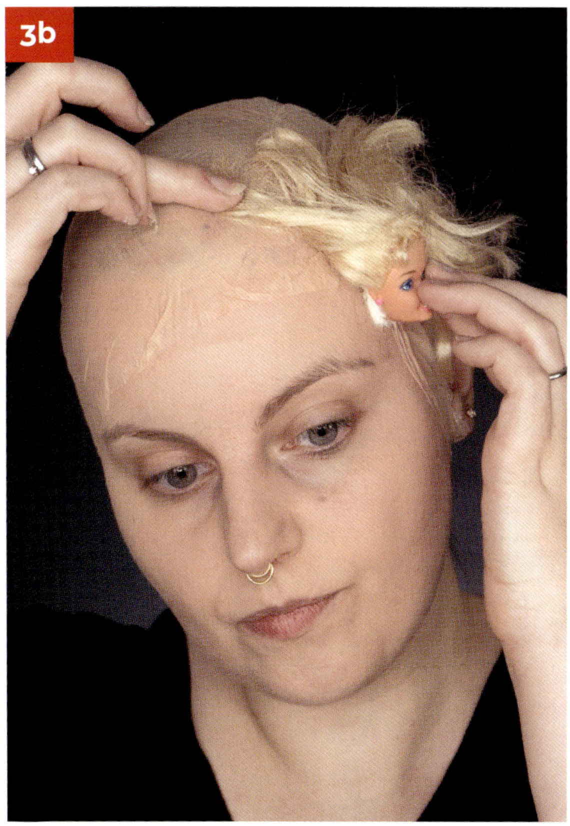
3b

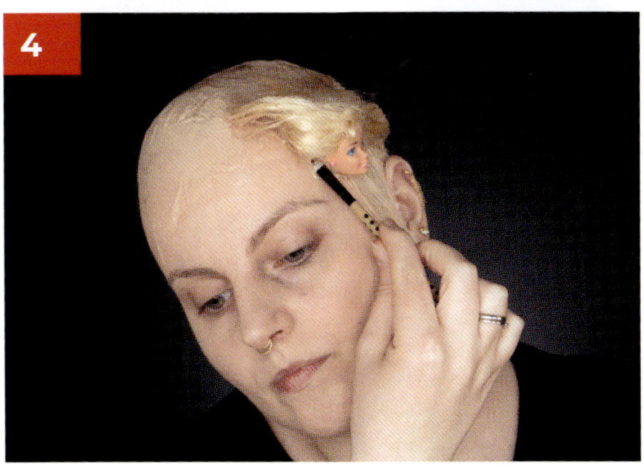
4

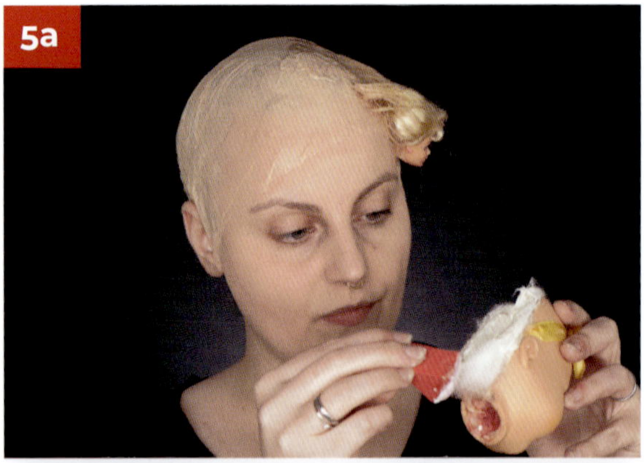

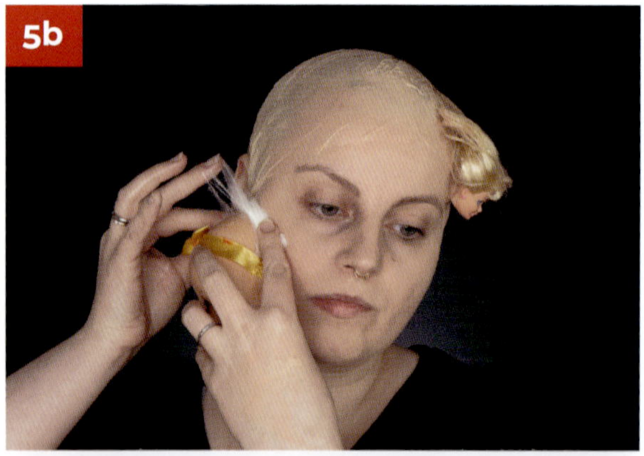

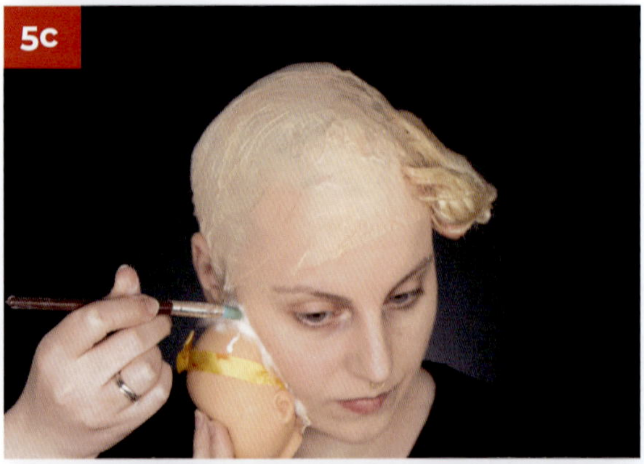

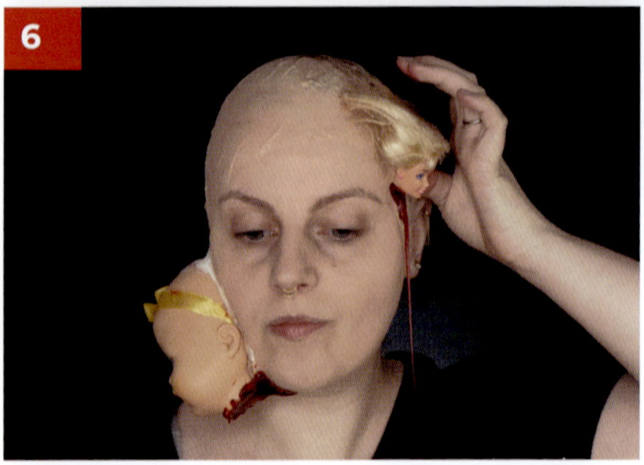

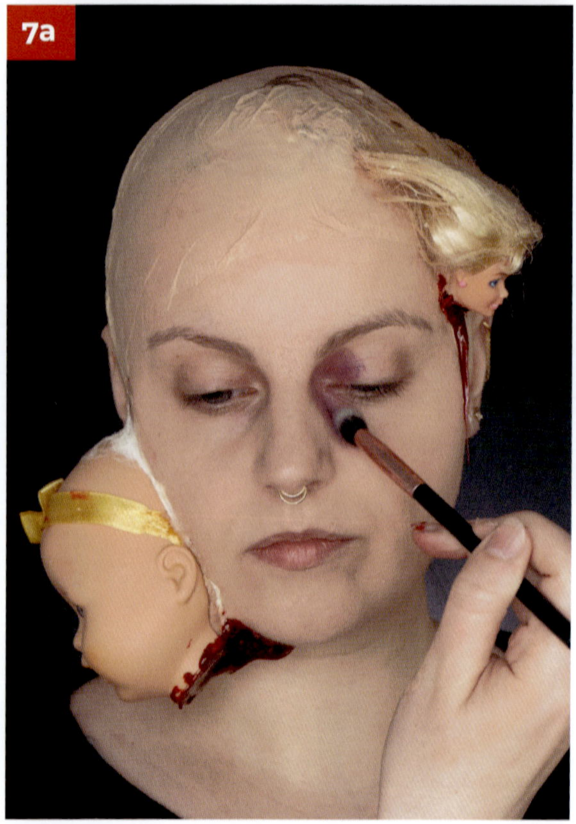

5 Wiederhole den Vorgang mit dem anderen Kopf: Da der Kopf etwas größer ist, benötigt er mehr Watte und Latex und das Trocknen dauert länger. Sobald er hält, kaschierst du den Übergang zwischen dem Kopf und deiner Haut mit Foundation.

6 Trage das gelartige Fake-Blut am unteren Ende der beiden Köpfe auf.

7 Trage Cremefarbe in Rot und Lila mit dem Lidschattenpinsel im inneren Bereich deiner Augen auf. Mische die beiden Hauttöne miteinander und trage sie im Bereich der Nase und des Mundes auf, damit dein Gesicht kränklicher aussieht.

8 Benutze einen Stoppelschwamm und dickflüssiges Fake-Blut, um Blutspritzer aufzutragen. Zusätzlich kannst du mit Fake-Blut und einem kleinen Spachtel auch Übergänge

7b

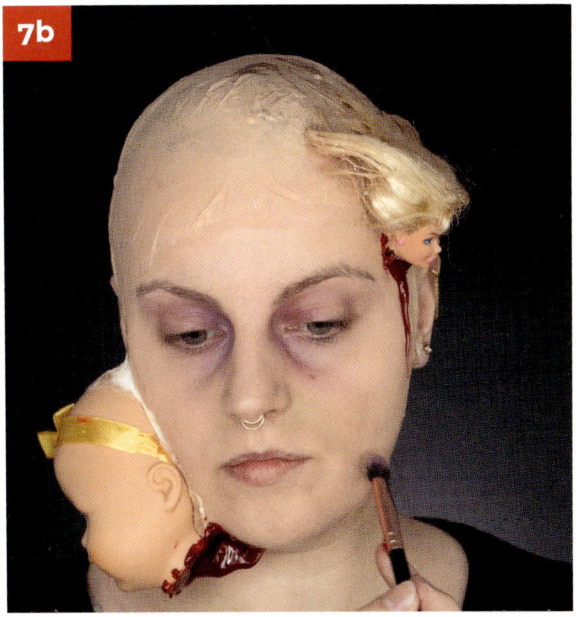

7c

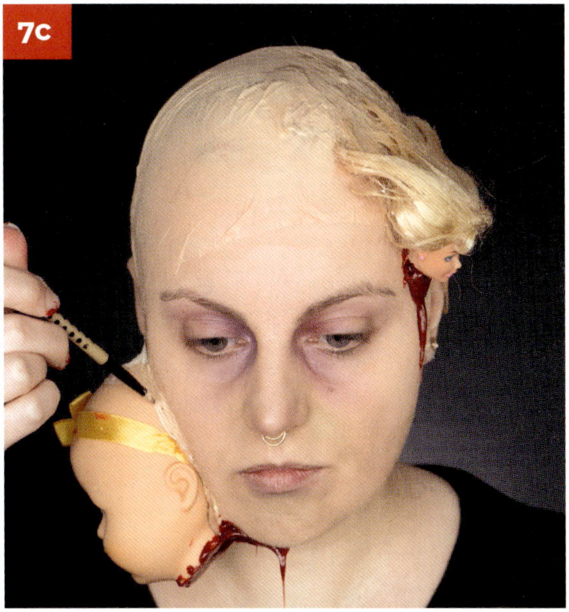

8a

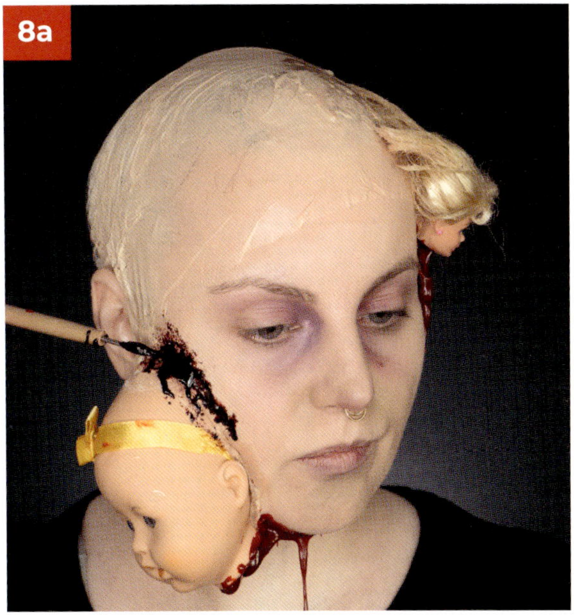

8b

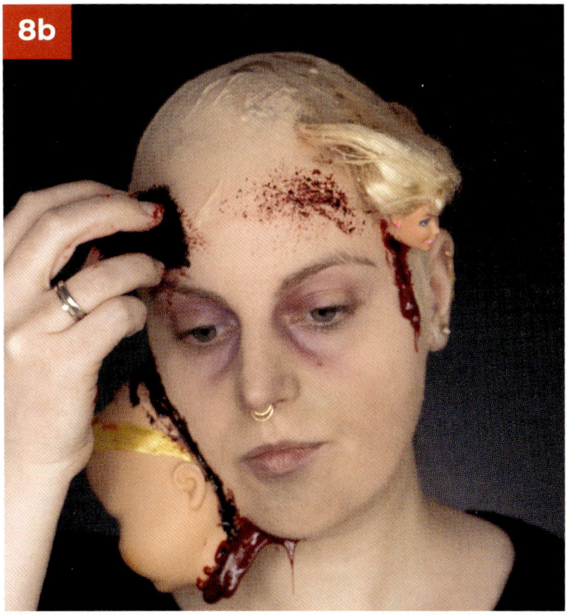

verstecken. Nimm zum Schluss einen großen, recht harten gelartigen Fake-Blut-Klumpen und lass ihn oben von deinem Kopf herunterfließen. Trage dabei evtl. Einweghandschuhe, damit das Blut nicht zu sehr an deinen Händen klebt.

TIPP: Dieser Look ist eine klebrige Angelegenheit! Das Gel-Blut fließt langsam und klebt stark. Die dünnen Fäden am Ende des Looks bleiben kein Dauerbegleiter, sondern werden sich verselbständigen. Solltest du dich entscheiden, mit diesem Look länger auszugehen, verwende das Gel-Blut mit Bedacht und benutze alte Kleidung.

Schmetterling

2–3 Stunden +
1 ½ Stunden DIY-Vorbereitung

MATERIAL

Für den DIY-Schmetterling

- Blatt Papier in Weiß, A4
- Bleistift
- Schere
- wasserbasierte Farbe in Hellrosa, Mittelrosa, Helllila, Mittellila, Dunkellila, Gold und Schwarz
- Rundspitzpinsel
- evtl. Schwamm

Für den Look

- Abschminktuch, Klebestift, Make-up-Schwamm, Puder, Puderpinsel, Concealer, Cremefarbe zum Abkleben der Augenbraue (S. 28)
- Flüssiglatex
- feiner Silikonpinsel
- wasserbasierte Farbe in Hellrosa, Mittelrosa, Dunkelrosa, Mittellila und Schwarz
- feiner Rundspitzpinsel
- Foundation
- Lidschatten in Hellrosa und Dunkelrosa und Lidschattenpinsel
- Kajal in Schwarz
- Wimpern zum Aufkleben und Wimpernkleber oder Wimperntusche in Schwarz
- Lippenstift in Pink
- Strasssteine in verschiedenen Größen
- Perücke

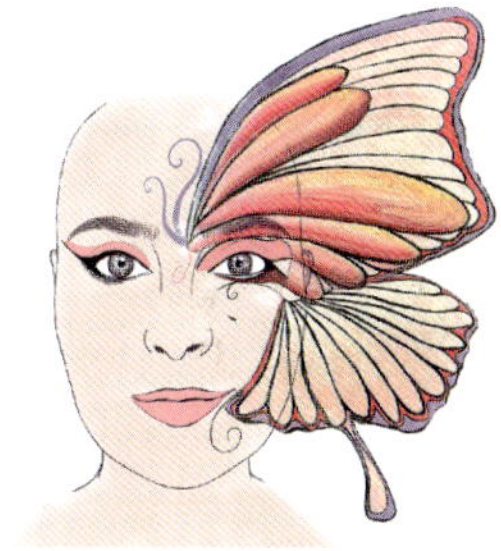

DIY: SCHMETTERLING

1 Zeichne wie abgebildet einen Schmetterlingsfügel auf ein Blatt Papier und schneide ihn aus. Prüfe an deinem Gesicht, ob er die richtige Größe hat, und zeichne den Ausschnitt für dein Auge auf.

2 Schneide den Ausschnitt für dein Auge aus. Prüfe, ob du mit der Form zufrieden bist. Wichtig ist, dass dein Auge frei ist und der Flügel nicht zu nah am Mund liegt. Zeichne anschließend das Muster des Flügels auf.

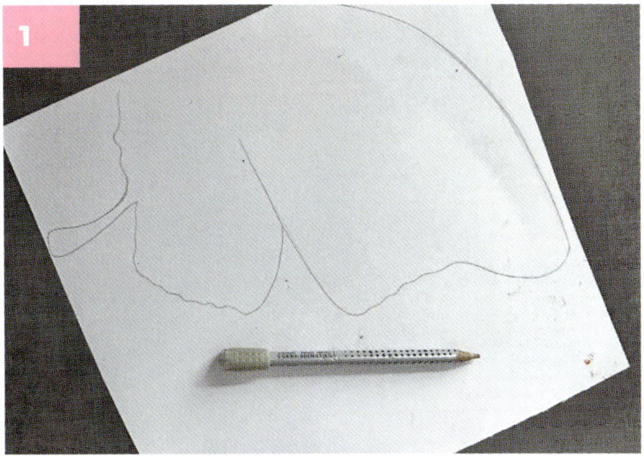

1

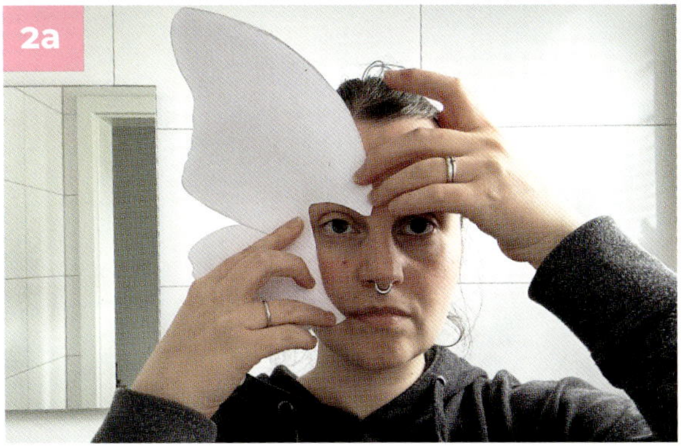

2a

2b

3

3 Male nun mit wasserbasierten Farben in verschiedenen Rosa- und Lilatönen, Gold und Schwarz den Schmetterling aus. Nimm einen Pinsel und evtl. einen Schwamm zu Hilfe.

LOOK

1 Damit der Flügel im Gesicht befestigt werden kann, muss die zu beklebende Augenbraue vorbereitet werden (S. 28). Da die Augenbraue danach überdeckt wird, reicht es aus, sie nur einmal zu überpudern.

2 Gib etwas Latex auf die Stellen des Flügels, die deine Haut berühren. Drücke den Flügel fest an die gewünschte Stelle im Gesicht, bis er von alleine hält.

1

2a

2b

3a

3b

4a

4b

5

3 Male das im Gesicht fortgeführte Muster des Flügels mit denselben Farben auf, die beim Flügel verwendet wurden: Das Augenlid wie abgebildet rosa und lila schminken. Unter dem Auge auch eine rosa Linie aufmalen. In Lilatönen die filigranen Linien an der Stirn und am Mund aufmalen.

4 Schminke dich anschließend fertig: Trage Foundation auf und schminke dein freies Auge mit Lidschatten und Kajal. Klebe die Wimpern auf oder nutze Wimperntusche und bemale deine Lippen mit Lippenstift.

5 Verstärke den Look, indem du Strasssteine mit Wimpernkleber an den Enden der Linien auf deinem Kinn, im Augenwinkel und auf der Stirn befestigst und die Perücke aufsetzt.

Blauer Dämon

5 Stunden +
1 Stunde DIY-Vorbereitung

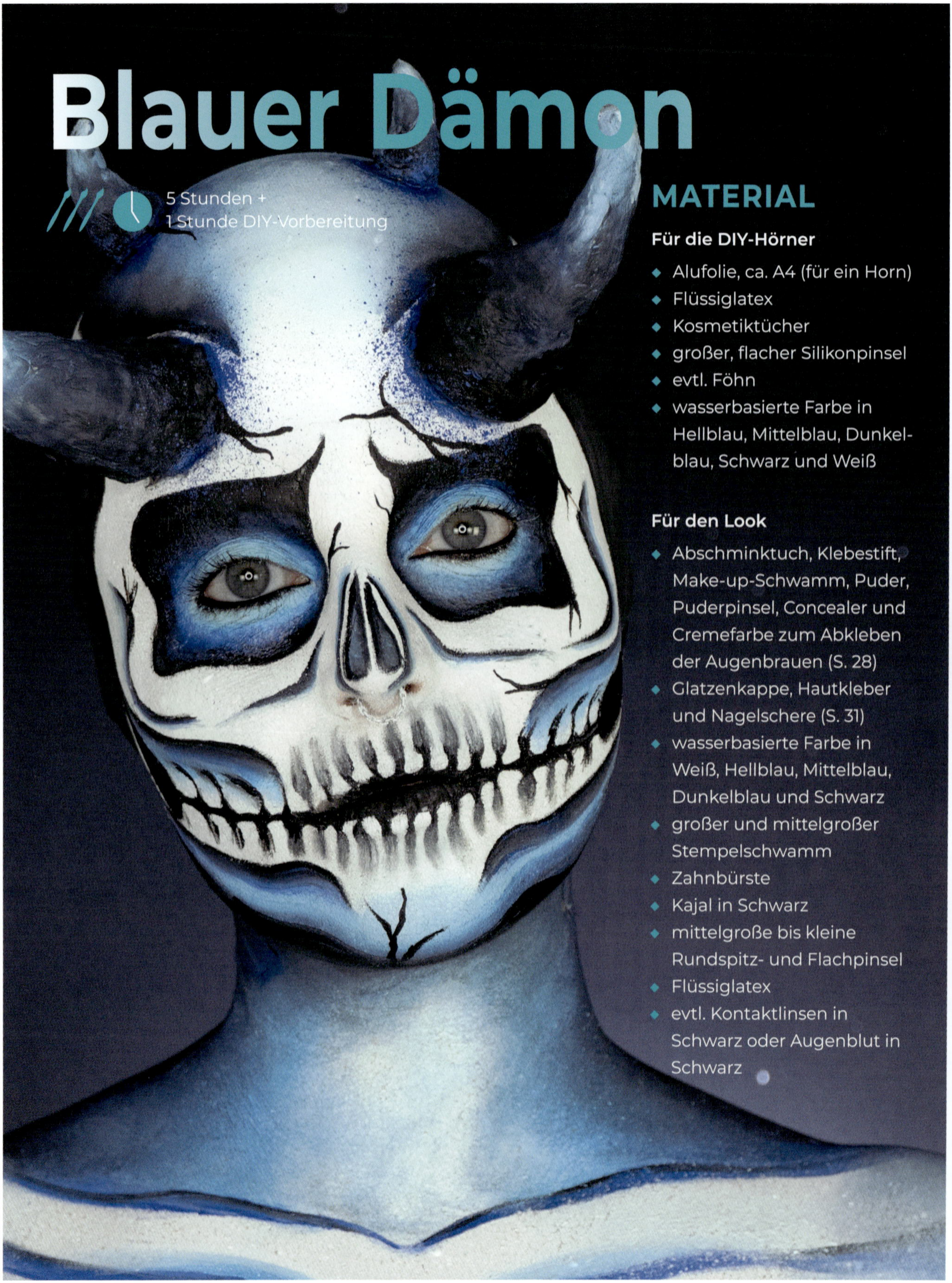

MATERIAL

Für die DIY-Hörner

- Alufolie, ca. A4 (für ein Horn)
- Flüssiglatex
- Kosmetiktücher
- großer, flacher Silikonpinsel
- evtl. Föhn
- wasserbasierte Farbe in Hellblau, Mittelblau, Dunkelblau, Schwarz und Weiß

Für den Look

- Abschminktuch, Klebestift, Make-up-Schwamm, Puder, Puderpinsel, Concealer und Cremefarbe zum Abkleben der Augenbrauen (S. 28)
- Glatzenkappe, Hautkleber und Nagelschere (S. 31)
- wasserbasierte Farbe in Weiß, Hellblau, Mittelblau, Dunkelblau und Schwarz
- großer und mittelgroßer Stempelschwamm
- Zahnbürste
- Kajal in Schwarz
- mittelgroße bis kleine Rundspitz- und Flachpinsel
- Flüssiglatex
- evtl. Kontaktlinsen in Schwarz oder Augenblut in Schwarz

DIY: HÖRNER

1 Forme die Alufolie zu einem Kegel und biege die Spitze des Kegels leicht, sodass ein Horn entsteht. Wiederhole den Vorgang für die anderen Hörner.

2 Damit die Hörner bemalt werden können, müssen sie zuvor mit Kosmetiktüchern und Latex beklebt werden. Tauche jeweils das Horn in Latex und umwickele es mit einem Kosmetiktuch. Die Oberfläche muss dabei nicht glatt und schön sein. Es darf allerdings keine Alufolie mehr zu sehen sein.

3 Der Latex trocknet innerhalb von 10–20 Minuten. Benutze evtl. einen Föhn, um das Trocknen zu beschleunigen. Der Latex ist in nassem Zustand eher weiß, in trockenem Zustand gelblich. Die Schicht ist vollkommen trocken, wenn sie nicht mehr klebt. Achtung: Latex klebt stark an Latex. Lass die Hörner nicht miteinander in Kontakt kommen.

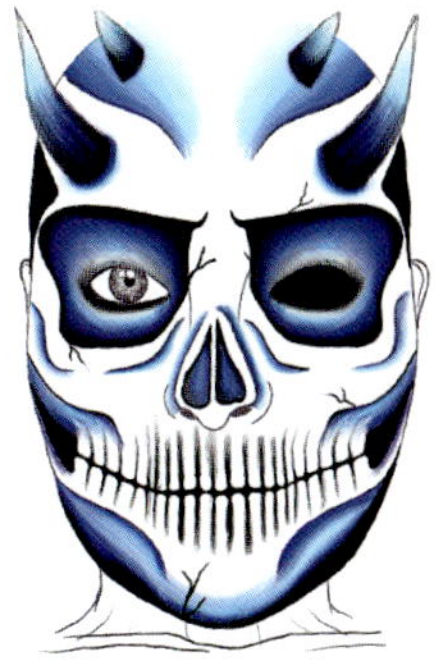

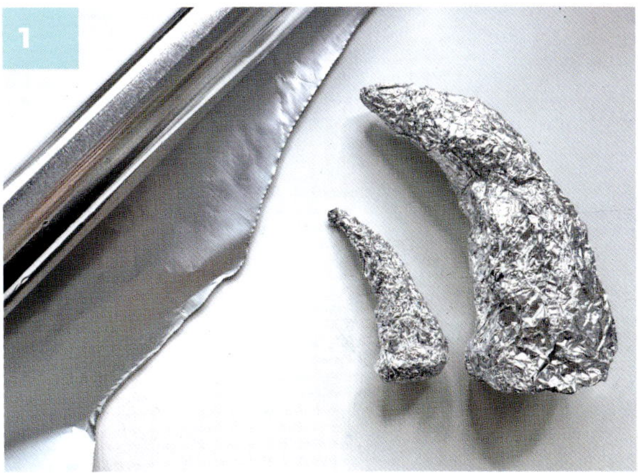

4 Male mit wasserbasierter Farbe die Oberfläche der Hörner an. Schattiere die Farben, sodass sie von unten nach oben heller werden. Lass jeweils den Boden der Hörner frei – dies ist später die Klebefläche. Lass die Hörner erneut trocknen.

LOOK

1 Klebe deine Augenbrauen sorgfältig ab (S. 28) und bringe eine Glatzenkappe an (S. 33).

2 Bemale deinen Kopf, dein Gesicht, deinen Hals und dein Dekolleté mit weißer wasserbasierter Farbe. Benutze einen Schwamm, um großflächig zu arbeiten. Das Ergebnis darf unregelmäßig sein. Spritze dann mit einer Zahnbürste weitere weiße Farbe auf, wodurch Unregelmäßigkeiten in der Oberfläche verschwinden.

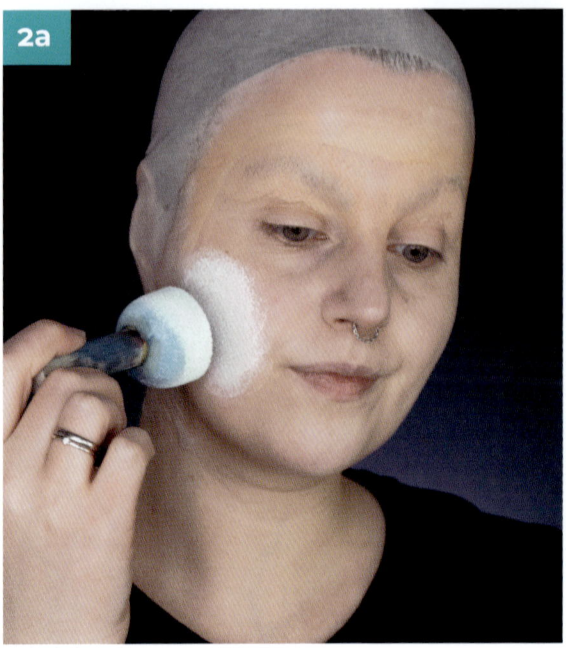

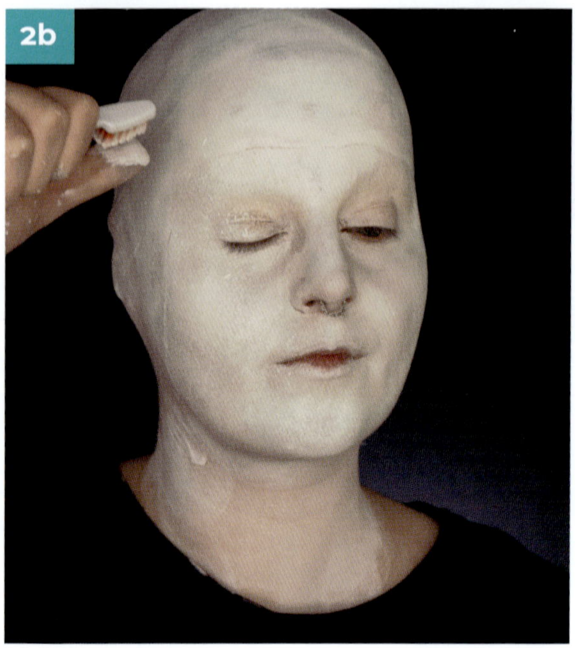

3 Zeichne mit dem Kajal zunächst die Linien vor.

4 Male nun wie abgebildet die einzelnen Flächen aus. Verwende verschiedene Blautöne, um Tiefe zu schaffen. Mit einem feinen Pinsel kannst du Stellen ausbessern. Große Flächen mit Schwämmen schattieren.

5 Verblende die Zähne mit Weiß und Schwarz.

6 Prüfe, an welchen Stellen du die Hörner anbringen möchtest. Streiche jeweils eine dünne Schicht Latex auf den Boden des Horns, platziere das Horn an der gewünschten Stelle und nimm es wieder ab. Streiche erneut eine dünne Schicht Latex auf den Boden des Horns und lass den Latex kurz antrocknen. Presse dann das Horn mit Kraft gegen die bereits betupfte Stelle auf der Stirn. Angetrockneter Latex klebt schneller und besser als frisch aufgetragener. Wenn die Hörner festsitzen, bei Bedarf erneut bemalen.

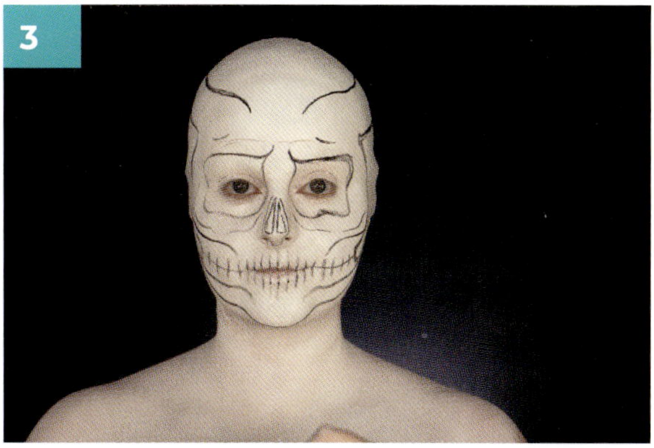
3

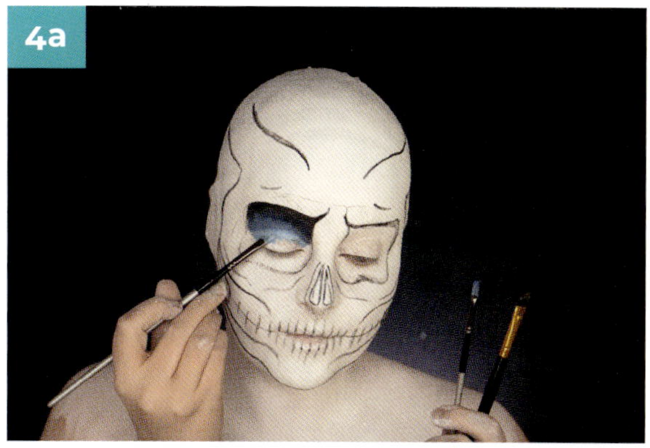
4a

4b

5

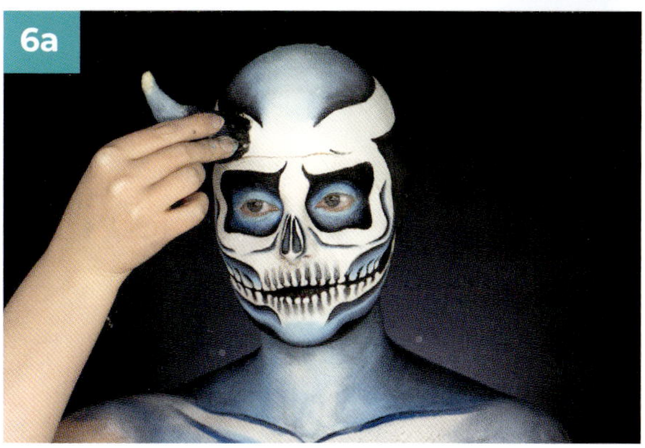
6a

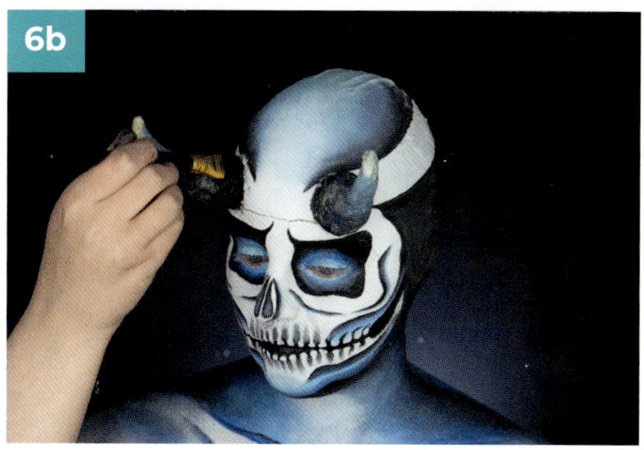
6b

7 Wenn die Hörner befestigt sind und der Latex am Rand der Hörner vollständig getrocknet ist, schattiere den Rand der Hörner mit dunkelblauer Farbe und einer Zahnbürste.

8 Male am Schluss weitere Details und Linien in Schwarz auf, damit der Look stärker wirkt. Du kannst damit auch die Glatzenkappe noch etwas besser kaschieren. Benutze einen Kajal, um die Wasserlinie deines Auges zu schwärzen.

9 Den Effekt deines Looks verstärkst du durch Kontaktlinsen ODER Augenblut. Achtung: Benutze Augenblut NICHT in Verbindung mit Kontaktlinsen! Sobald du Augenblut in dein Auge gegeben hast, fließt es über deinen Look.

7

8a

8b

9a

9b

Eiskalt

45 Minuten +
5 Minuten
DIY-Vorbereitung

MATERIAL

Für die DIY-Eiszapfen

- Heißklebepistole und Heißkleber
- Alufolie oder Backpapier

Für den Look

- Flüssiglatex
- evtl. Föhn
- Foundation
- Make-up-Schwamm
- Pinzette
- Nagelschere
- Cremefarbe in Dunkelrot und Lila
- feiner Rundspitzpinsel
- Lidschattenpinsel
- Augenbrauenbürste
- GF-Qat N Soft Gel
- Fake-Schnee
- Hair White (alternativ: wasserbasierte Farbe in Weiß)
- Kontaktlinse in Weiß
- Puderpinsel
- loses Puder

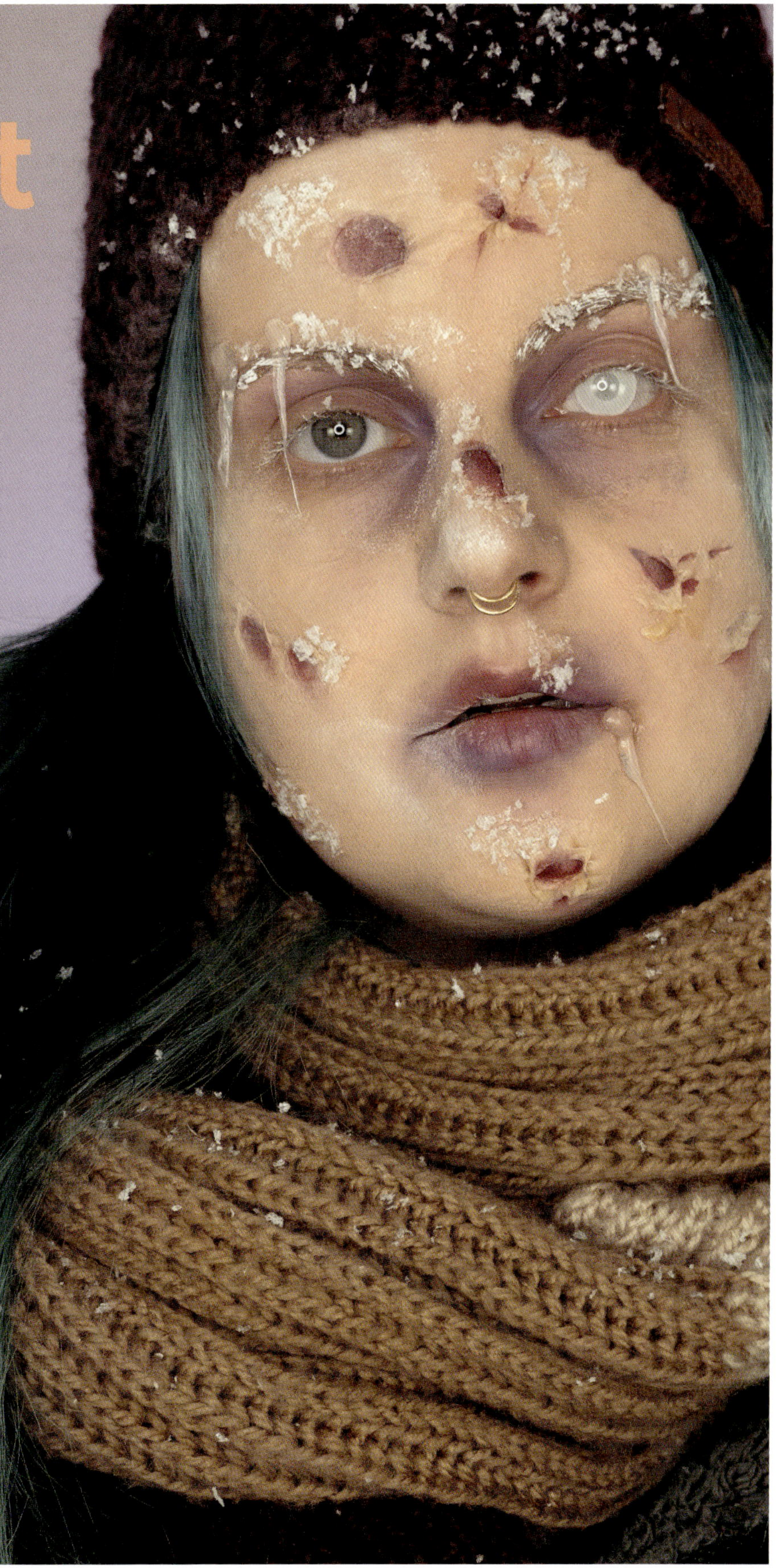

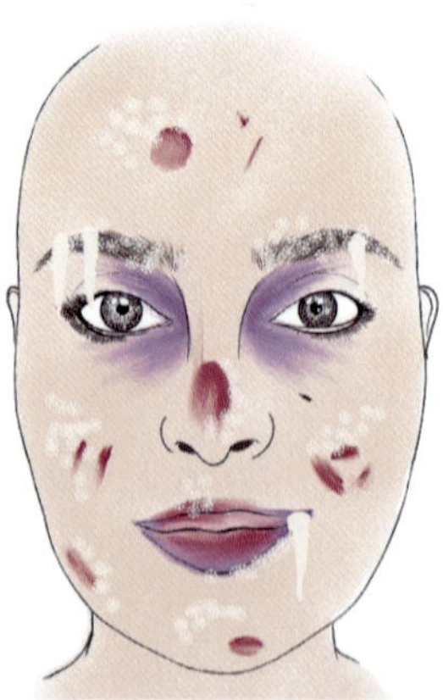

DIY: EISZAPFEN

1 Ziehe mit der Heißklebepistole Linien auf die Alufolie. Setze dazu erst einen Punkt und ziehe dann die Spur nach unten, sodass sie immer dünner wird. So entsteht ein Eiszapfen.

2 Lass die Eiszapfen kurz trocknen und ziehe sie anschließend vorsichtig von der Alufolie ab.

LOOK

1 Tupfe für die Wunden zunächst Latex an verschiedenen Stellen deines Gesichts auf. Meide dabei unbedingt die Stellen, an denen Haare wachsen. Beschleunige das Trocknen des Latex mit einem Föhn.

2 Schminke dein Gesicht und die getrockneten Latexstellen mit Foundation. Trage erneut eine Schicht Latex auf die Stellen des Gesichts auf, an denen die kleinen Wunden entstehen sollen. Beschleunige das Trocknen des Latex erneut mit dem Föhn.

3 Ziehe vorsichtig mit einer Pinzette mittig an den Latexstellen. Achte darauf, nicht zu stark zu ziehen, damit du nicht alles abziehst. Ziehe den Latex jeweils leicht nach oben, sodass er wieder auf Latex trifft und die Latexschichten aneinanderkleben. Schneide mit einer Nagelschere vorsichtig überschüssigen Latex ab. Drücke die Ränder der Wunden leicht zur Seite, sodass das Ganze wie alte Haut aussieht. Die mit Foundation überdeckte erste Latexschicht kann ebenfalls am Rand leicht aufgezogen werden.

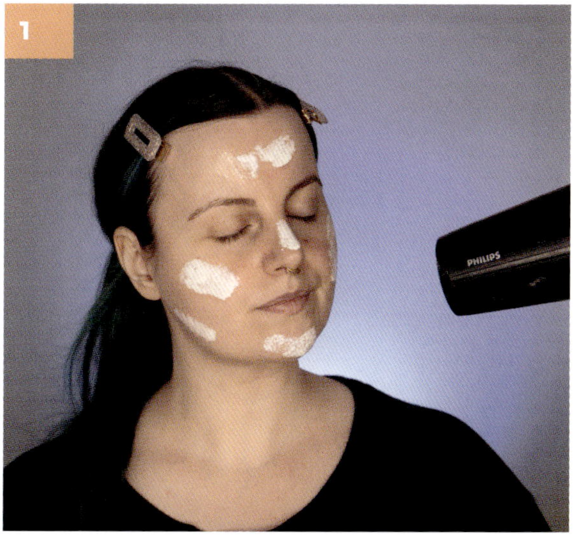

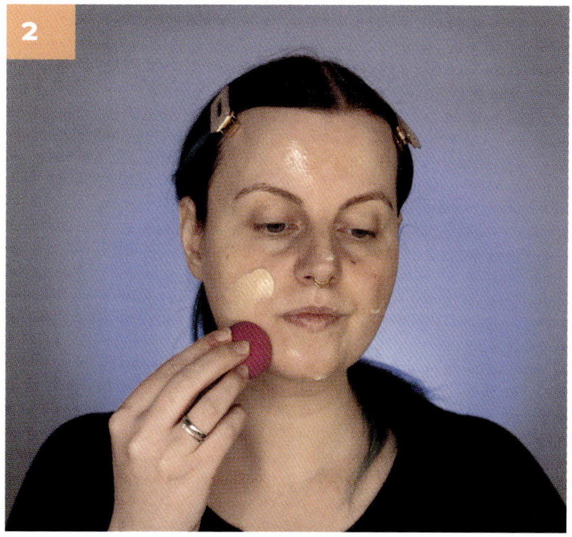

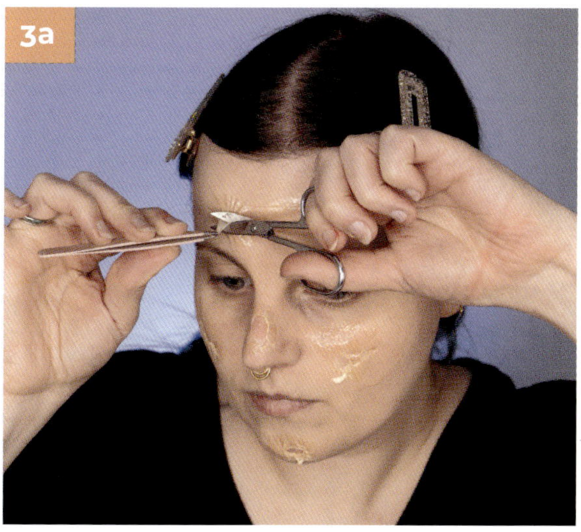

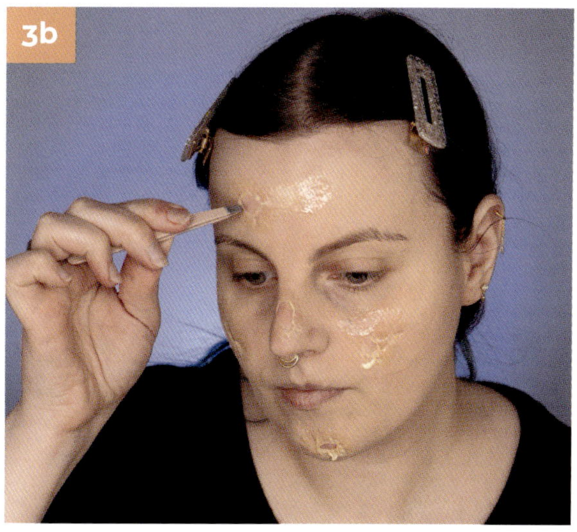

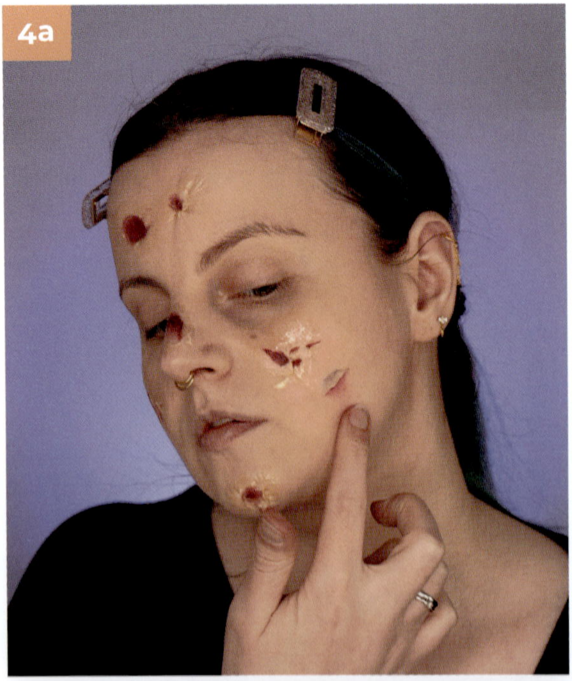

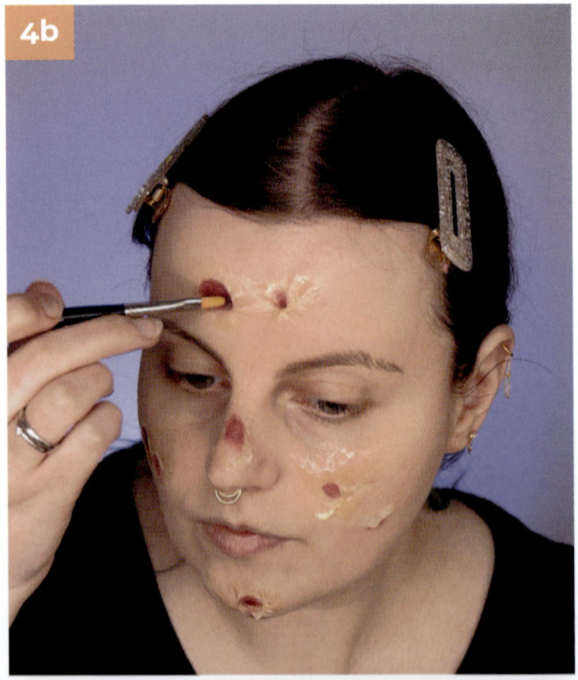

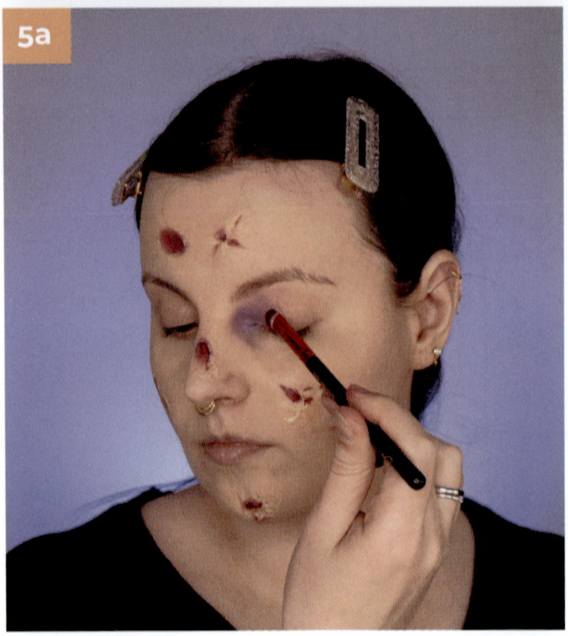

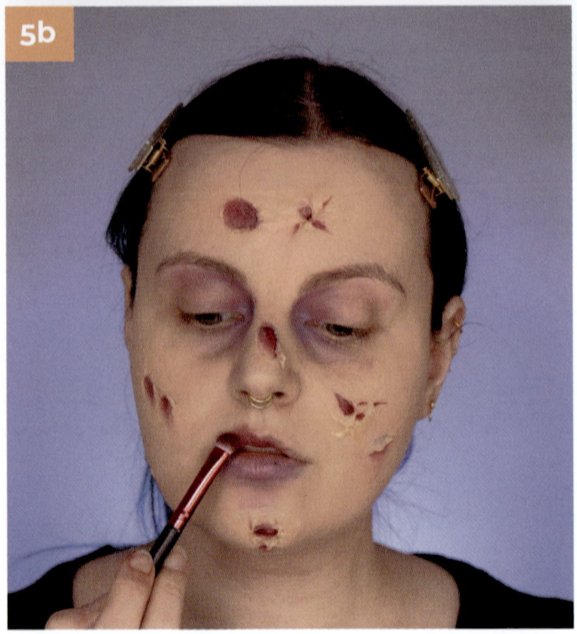

4 Male die Wunden mit dunkelroter Cremefarbe aus. Je mehr Farbe du aufträgst, desto tiefer wirken die Wunden. Verwische die Cremefarbe mit dem Finger, um Schattierungen zu erhalten. Vertiefe zusätzlich mit der dunkelroten Farbe und einem feinen Pinsel die inneren Ränder der Wunden.

5 Trage Foundation auf die noch zu bedeckende Latexschicht auf. Betone mit lila Cremefarbe die Augen und die Lippen, sodass du verfroren aussiehst. Füge an den Lippen noch etwas Rot hinzu.

6a

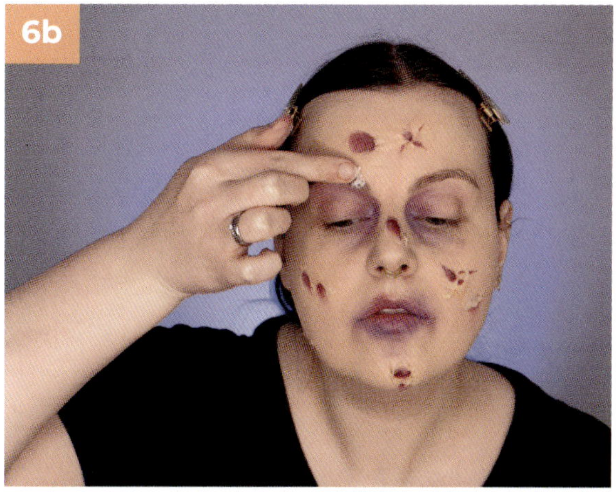
6b

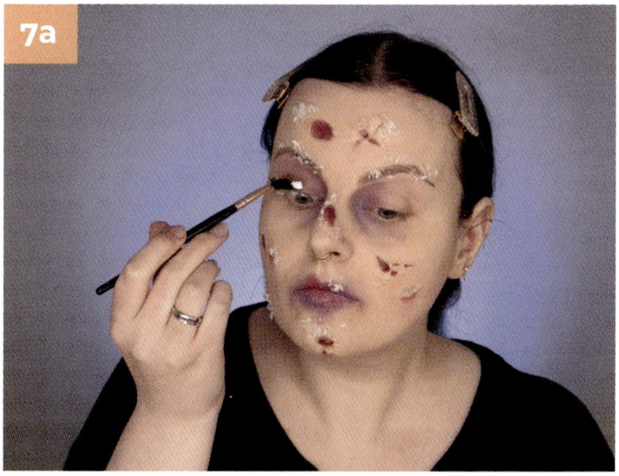
7a

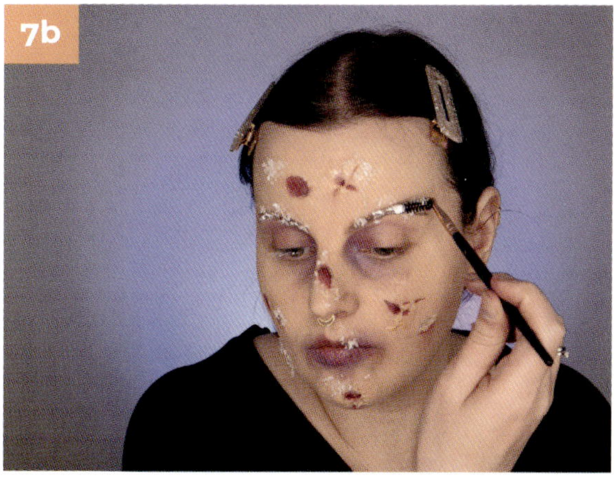
7b

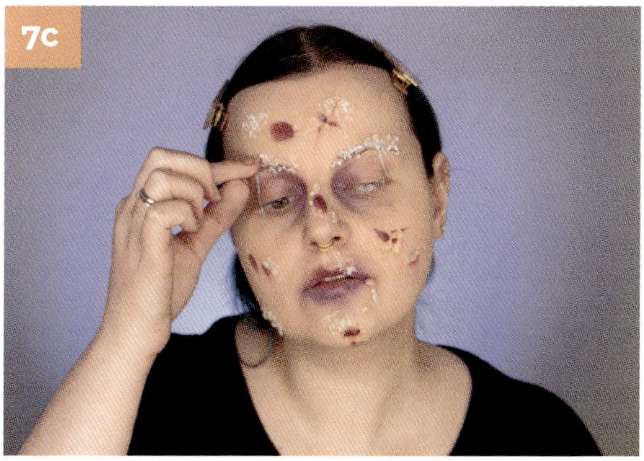
7c

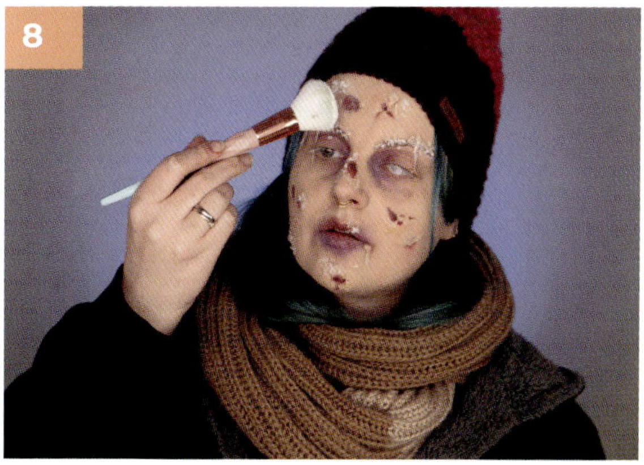
8

6 Streiche mit der Augenbrauenbürste das GF-Qat N Soft Gel auf deine Augenbrauen und weitere Stellen im Gesicht auf. Drücke mit dem Finger etwas Fake-Schnee in das Gel.

7 Bemale nun noch deine Augenbrauen und deine Wimpern mit dem Hair White. Setze dann die weiße Kontaktlinse ein. Klebe die DIY-Eiszapfen auf die mit Gel bedeckten Stellen.

8 Ziehe das gewünschte Outfit an. Trage zum Schluss mit einem Pinsel loses Puder grob auf einige Stellen deines Gesichts auf, damit der Effekt von Kälte noch weiter verstärkt wird.

Frankenstein

5 Stunden +
2 Stunden DIY-Vorbereitung

MATERIAL

Für die DIYs

- Maßband
- Bleistift
- Schere
- Fotokarton in Weiß, A3
- Heißklebepistole und Heißkleber
- Klebeband
- Pappe
- Watte
- Kosmetiktücher
- Bastelkleber
- Farbe in Silber und Schwarz
- Flachpinsel

Für den Look

- Abschminktuch, Klebestift, Make-up-Schwamm, Puder, Puderpinsel, Concealer, Cremefarbe zum Abkleben der Augenbrauen (S. 28)
- Glatzenkappe, Hautkleber und Nagelschere (S. 33)
- Pflaster (alternativ: Klebeband)
- Flüssiglatex
- Präzisionsschwamm
- Kosmetiktuch
- Watte
- evtl. Föhn
- wasserbasierte Farbe in Hellgrün, Dunkelgrün, Schwarz und Rot
- runder Schwamm
- 2–3 mittelgroße Rundspitzpinsel
- Effektpinsel
- Stoppelschwamm
- Kajal in Schwarz
- schwarze Perücke
- Zahnbürste
- flüssiges Fake-Blut (DIY-Anleitung auf S. 45)

DIY: HOHE STIRN, SCHRAUBEN, METALLPLATTEN

1 Für die hohe Stirn misst du deinen Stirnumfang aus. Die Länge des Streifens entspricht deinem Kopfumfang plus 5 cm Zugabe zum Verkleben. Zeichne einen 10 cm breiten Streifen in der richtigen Länge auf das Papier auf. Schneide den Streifen aus und verklebe die Enden miteinander. Stelle den Papierzylinder auf das Papier und klebe ihn mit der Heißklebepistole daran fest. Nach dem Trocknen das überschüssige Papier abschneiden.

2 Rolle ein ca. 3 cm breites Papier zusammen, sodass noch ein Finger hindurch passt. Befestige das Ende mit Klebeband. Schneide die Rolle in der Mitte durch. Schneide jeweils an einem Ende der Rollen ca. 1 cm lange Schlitze ein, um die Schrauben später am Hals befestigen zu können. Male vier Teile für die Schraubenköpfe auf ein Stück Pappe auf.

3 Schneide die Schraubenköpfe aus. Schneide in zwei Teile ein Loch, sodass die Rollen hindurch geschoben werden können. Schiebe je ein Teil auf jede Rolle. Klebe dann jeweils ein Teil „Schraubenkopf ohne Loch" an die Enden der Rollen. Fülle die Rollen und die Schraubenköpfe mit Watte. Trenne die Schichten von Kosmetiktüchern voneinander und beklebe die Schrauben mit den Kosmetiktuchstücken

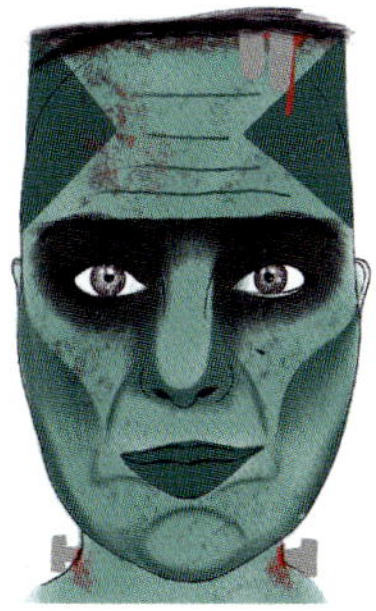

und Bastelkleber. Lass dabei die Enden der Schrauben frei, die später auf die Haut geklebt werden.

4 Für die Metallplatten vier Ovale aus Pappe ausschneiden. Bemale die Ovale und die Schrauben in Silber und schattiere beides mit schwarzer Farbe.

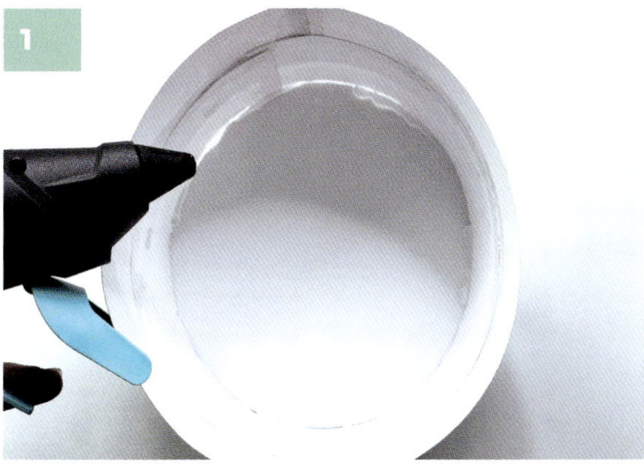

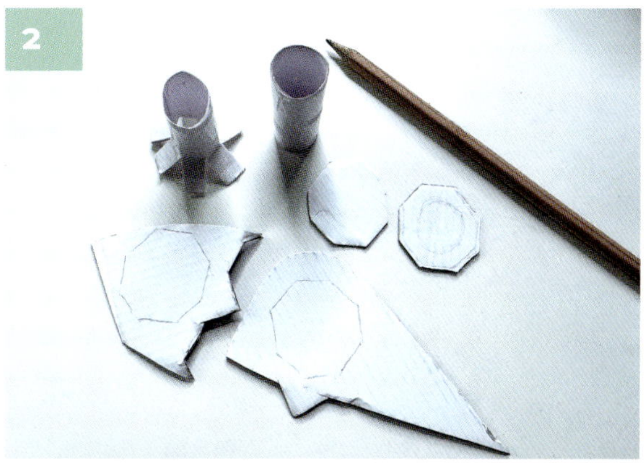

LOOK

1 Klebe deine Augenbrauen ab (S. 28) und bringe die Glatzenkappe an (S. 33).

2 Fixiere die hohe Stirn mit Pflaster an deinem Kopf.

3 Tupfe vorsichtig mit einem Präzisionsschwamm Latex auf die hohe Stirn, deine Stirn und deine Schläfen. Schneide Kosmetiktücher in Streifen und klebe die Streifen auf die mit Latex betupften Stellen. Streiche eine weitere Schicht Latex darüber. Wiederhole den Vorgang drei- bis viermal.

4 Für den Augenbrauenknochen platziere Watte an der entsprechenden Stelle und bedecke sie ebenso mit Kosmetiktüchern und Latex. Wiederhole den Vorgang, bis der Augenbrauenknochen stark genug ausgeformt ist. Mit einem Föhn trocknet der Latex schneller.

5 Sobald alles getrocknet ist, das Gesicht und den Hals mit hellgrüner wasseraktivierbarer Farbe grundieren.

6 Ziehe mit einem Pinsel und dunkelgrüner Farbe einen Strich unterhalb des Augenbrauenknochens. Male den Augenbereich wie abgebildet mit Schwarz und Dunkelgrün aus – innen dunkel, nach außen hin heller, sodass ein Übergang zur hellgrünen Grundfarbe entsteht. Die Nase mit Dunkel-

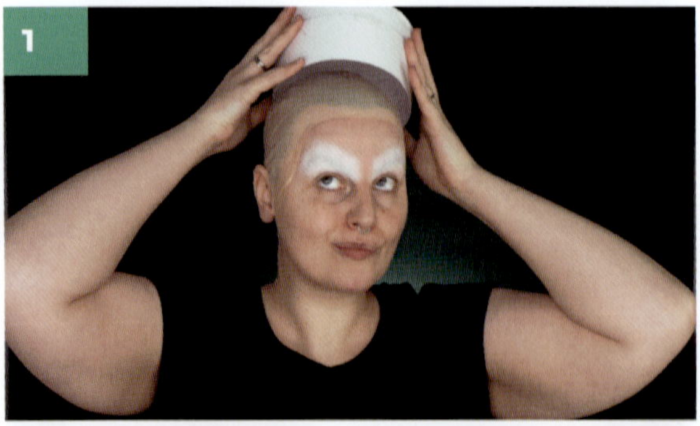
1

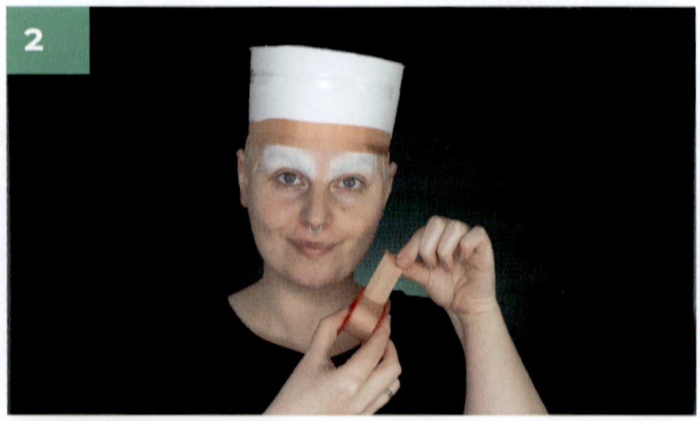
2

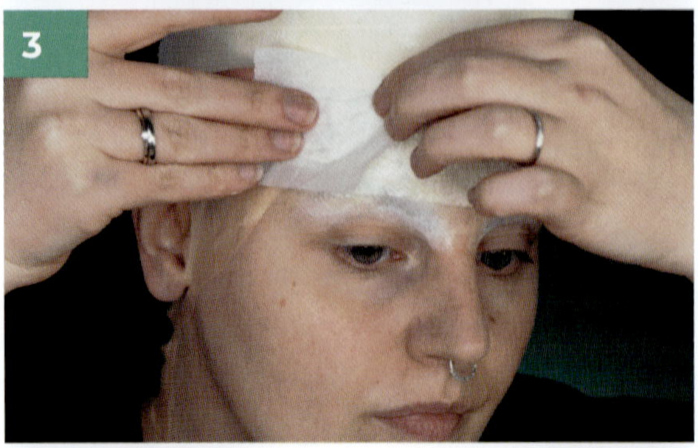
3

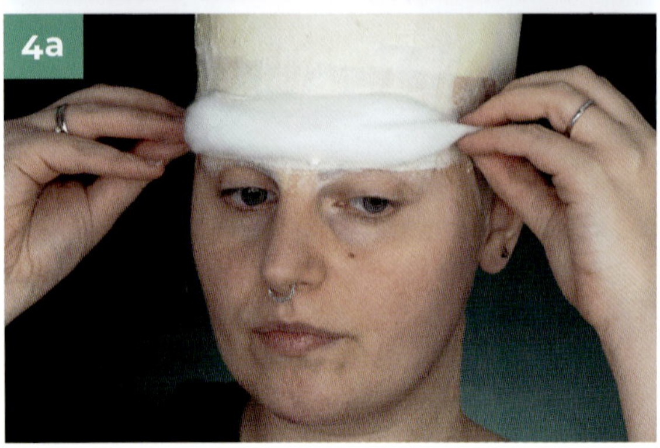
4a

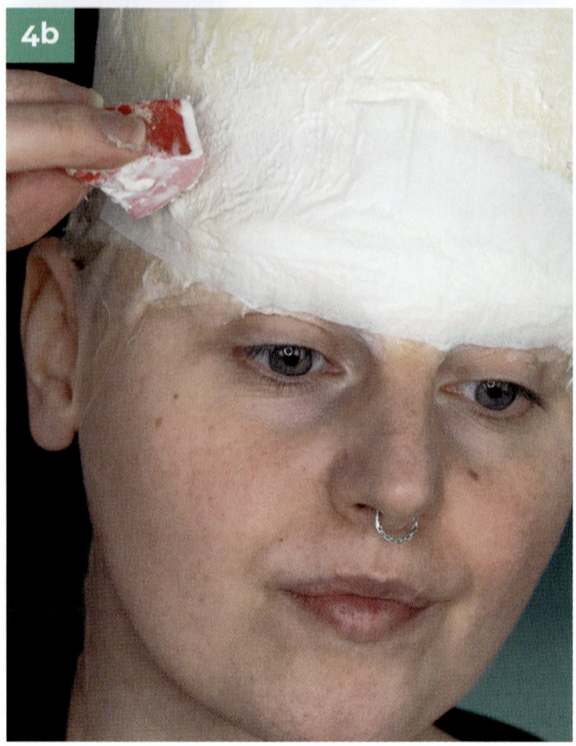
4b

grün schattieren und auch hier einen Übergang zur hellgrünen Grundfarbe schaffen.

7 Benutze einen Effektpinsel, um die beiden Grüntöne miteinander zu vermischen. Solange die Farben noch frisch sind, lassen sich gut Farbverläufe herstellen.

8 Male wie abgebildet mit Dunkelgrün ganz oben an der Stirn beginnend eine Zickzacklinie auf beiden Seiten des Gesichts auf. Schattiere ab dieser Linie nach außen hin erneut mit den Farben Schwarz, Dunkelgrün und Hellgrün.

9 Male mit Dunkelgrün die Falten am Kinn, an den Mundwinkeln und an der Stirn auf und verwische die Linien mit einem sauberen Pinsel.

10 Tupfe wie abgebildet mit einem Stoppelschwamm dunkelgrüne Farbe auf die Stirn, den Kiefer und die Seite des Gesichts. Male deine Lippen mit Dunkelgrün aus. Benutze einen schwarzen Kajal, um die Wasserlinie deiner Augen auszumalen. Schattiere den Hals mit Dunkelgrün und Hellgrün.

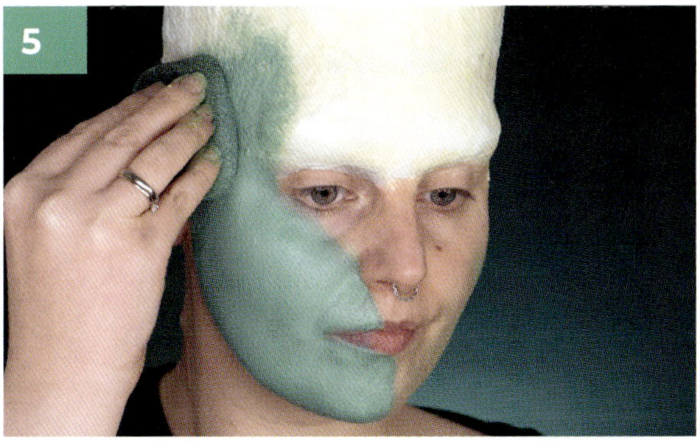
5

6

7

8

9

10a

11 Knicke die Metallplatten, bestreiche die Rückseiten mit Latex und befestige die Platten am oberen Rand der hohen Stirn. Die offenen Enden der mit Watte gefüllten Schrauben vorsichtig in Latex eintauchen und die Schrauben am Hals ankleben. Halte die Schrauben einen Moment fest, bis der Latex angetrocknet ist. Wenn Latex hinunterläuft, mit der freien Hand wegwischen. Wenn beide Schrauben festsitzen, die Enden mit roter Farbe bemalen

12 Schneide Haare von einer schwarzen Perücke ab und klebe sie oben auf den Kopf auf. Spritze mit einer Zahnbürste vorsichtig dunkelgrüne Farbe über Gesicht und Hals. Trage noch etwas flüssiges Fake-Blut an den Metallplatten auf.

ACHTUNG: Bei diesem Look wird sehr nah am Auge mit Flüssiglatex gearbeitet. Achte darauf, dass nichts ins Auge tropft. Sollte Flüssiglatex ins Auge gelangen, umgehend ausspülen! Das Auge nicht reiben und einen Augenarzt aufsuchen.

10b

11a

11b

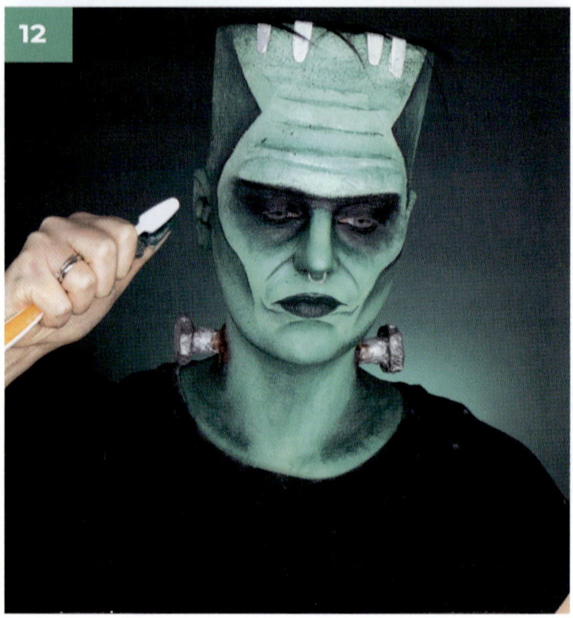
12

Wurm

40 Minuten + 15 Minuten DIY-Vorbereitung + 1 Tag trocknen

MATERIAL

Für die DIY-Prothese

- Face Cast (DIY-Anleitung auf S. 36)
- Vaseline
- Latexpaste (DIY-Anleitung auf S. 48)
- Spachtel
- Flüssiglatex
- Fake-Würmer
- feiner Silikonpinsel
- Mehl
- Puderpinsel
- Nagelschere

Für den Look

- Flüssiglatex
- Silikonpinsel
- Foundation
- Cremefarbe in Hautfarbe und Dunkelrot
- mittelgroßer Blender- oder Flachpinsel
- feiner Rundspitzpinsel
- schmaler Spachtel
- dickflüssiges Fake-Blut (DIY-Anleitung auf S. 43)
- Stoppelschwamm

DIY: WURM-PROTHESE

1 Creme die gewünschte Fläche auf deinem Face Cast (S. 36) mit Vaseline ein, um die Prothese nach dem Trocknen leichter abnehmen zu können. Verteile die Latexpaste mit einem Spachtel auf der Fläche. Fertige eine große Beule, in die die Fake-Würmer eingedrückt werden. Streiche die Oberfläche der Beule mit Latex und deinem Finger glatt. Achte darauf, die Ränder der Beule am Übergang zur Haut so dünn wie möglich zu halten.

2 Drücke die Fake-Würmer in die Beule: Je tiefer, desto fester sitzen sie später. Mit Latex und einem Silikonpinsel die Übergänge glätten. Für mehr Abwechslung halbiere oder viertele die Würmer und füge die Stücke ebenfalls hinzu. Die Prothese über Nacht trocknen lassen.

3 Damit die Prothese später nicht an sich selbst klebt, nimm mit einem Pinsel etwas Mehl auf und pudere die Prothese nach dem Trocknen damit ab.

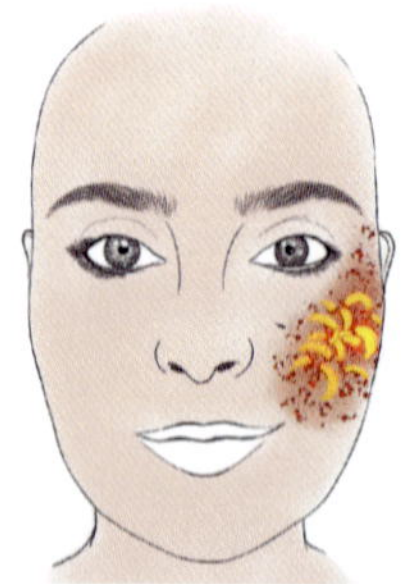

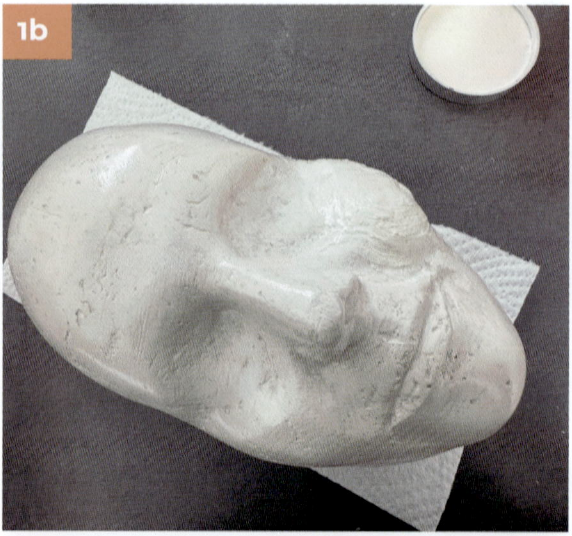

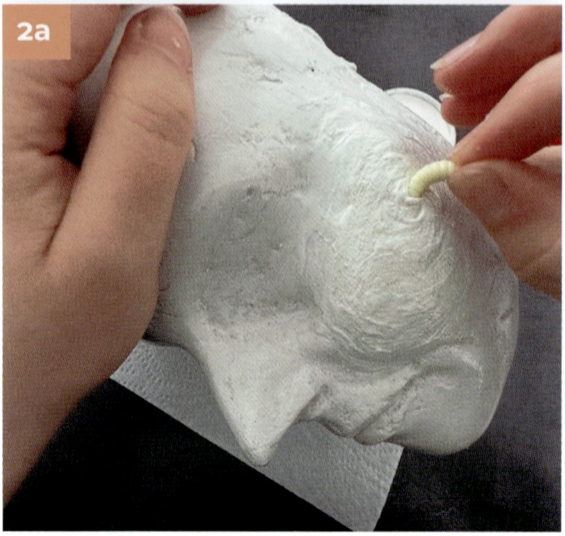

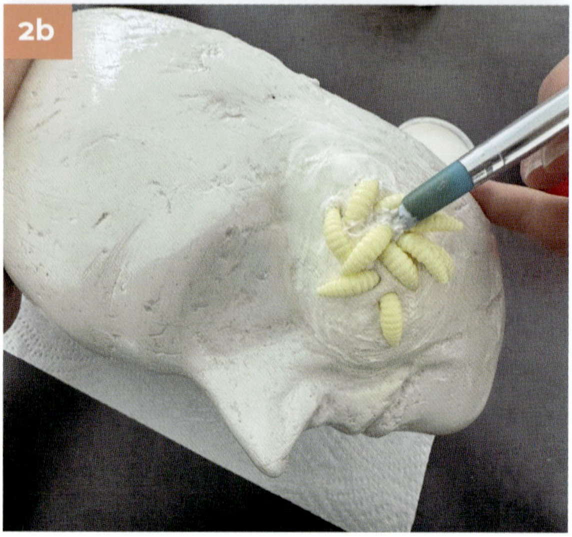

4 Suche dann vorsichtig am Rand der Prothese nach einer dünnen Stelle und ziehe die Prothese langsam vom Face Cast ab. Pudere Stück für Stück die Innenseite der Prothese ab, um auch dort ein Verkleben zu verhindern. Wenn du die ganze Prothese abgezogen hast, pudere die Rückseite noch einmal komplett ab.

5 Fällt ein Wurm ab, lässt er sich mit Latex wieder ankleben. Begradige mit einer Nagelschere vorsichtig die Ränder der Prothese. Reinige dein Face Cast von Kleberresten.

3

4a

4b

4c

5a

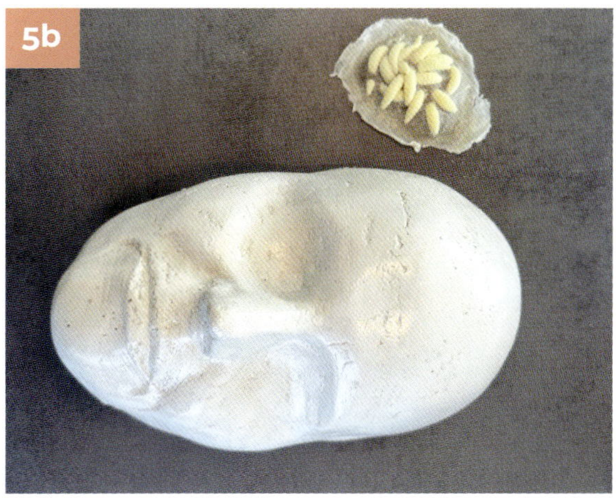
5b

LOOK

1 Prüfe, ob die Prothese gut an der gewünschten Stelle sitzt. Verteile gleichmäßig eine dünne Schicht Latex auf der Rückseite der Prothese. Achte darauf, dass die gesamte Fläche, auch der Rand, mit Latex bestrichen ist.

2 Drücke die Prothese erst vorsichtig, dann sehr fest auf dein Gesicht und streiche die Ränder an, bis die Prothese sicher haftet. Streiche mit einem Silikonpinsel von außen nach innen Latex an die Ränder, sodass ein fließender Übergang zwischen deiner Haut und der Prothese entsteht. Alternativ zum Silikonpinsel kannst du auch mit deinem Finger arbeiten.

3 Schminke dein Gesicht mit Foundation. Nachdem die Ränder der Prothese vollständig getrocknet sind, bemale die Prothese mit Cremefarbe in Hautfarbe. Schaffe einen fließenden Übergang zwischen der Cremefarbe und der Foundation.

4 Für mehr Tiefe fahre mit der dunkelroten Cremefarbe entlang der Würmer. Anschließend verteile mit einem schmalen Spachtel das dickflüssige Fake-Blut an den Rändern der Würmer.

1

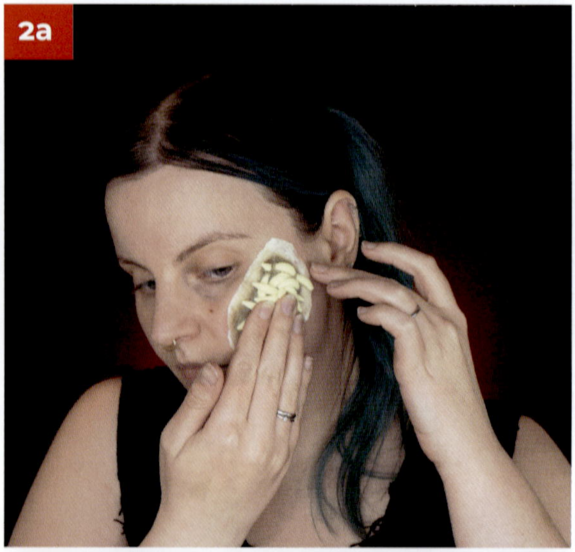
2a

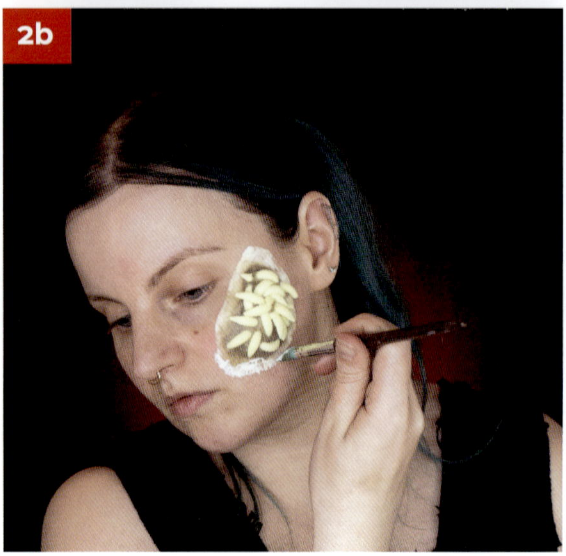
2b

3a

5 Tauche einen Stoppelschwamm vorsichtig in das Fake-Blut und tupfe langsam Blutspritzer um den Rand der Prothese. Am unteren Rand darf ruhig etwas mehr Fake-Blut fließen.

TIPP: Lass dich von der Vorbereitungszeit nicht abschrecken. Die Herstellung der DIY-Prothese dauert 15–20 Minuten. Aber: Latexpaste trocknet sehr langsam! Daher rate ich, die DIY-Prothese mindestens einen Tag vorher herzustellen.

TIPP: Hast du keinen Face Cast erstellt, kannst du einen Styroporkopf mit Frischhaltefolie einwickeln und die DIY-Prothese darauf fertigen. Du kannst die DIY-Prothese auch auf Alufolie oder Frischhaltefolie herstellen. Der Nachteil hierbei liegt bei der fehlenden Wölbung der Prothese, sodass die Würmer beim Anbringen leichter abfallen.

3b

4a

4b

5a

5b

Bissig

1 ½ Stunden + 1 ½ Stunden DIY-Vorbereitung + 1 Tag trocknen

MATERIAL

Für die DIY-Prothese

- Face Cast (DIY-Anleitung auf S. 36)
- Vaseline
- Latexpaste (DIY-Anleitung auf S. 48)
- schmaler Spachtel
- Flüssiglatex
- Polymorph-Zähne (DIY-Anleitung auf S. 50)
- feiner Silikonpinsel
- Mehl
- Puderpinsel
- Föhn
- Nagelschere
- kleiner und mittelgroßer Rundspitzpinsel
- alkoholbasierte Farben in Schwarz, Dunkelblau, Rot und Gelb und Activator (alternativ: Cremefarbe oder wasserbasierte Farbe)

Für den Look

- Nagelschere
- Abschminktuch, Klebestift, Make-up-Schwamm, Puder, Puderpinsel, Concealer, Cremefarbe zum Abkleben der Augenbrauen (S. 28)
- Vaseline
- wasserbasierte Farbe in Schwarz
- mittelgroßer Blenderpinsel
- Kajal in Schwarz
- Lidschatten in Schwarz
- Flüssiglatex
- feiner Silikonpinsel
- Watte
- loses Puder
- Puderpinsel
- Foundation
- Cremefarbe in Dunkelblau und Dunkelrot
- evtl. Make-up-Schwamm
- schmaler Spachtel
- dickflüssiges Fake-Blut (DIY-Anleitung auf S. 43)
- Stoppelschwamm

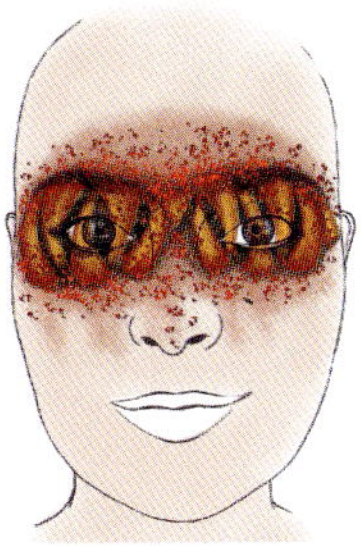

DIY: AUGEN-PROTHESE

1 Creme die gewünschte Fläche auf deinem Face Cast (S. 36) mit Vaseline ein, um die Prothese nach dem Trocknen leichter abnehmen zu können. Verteile die Latexpaste mit einem Spachtel auf den Augenhöhlen und dem Nasenrücken. Streiche die Oberfläche mit Latex und deinem Finger glatt. Achte darauf, für den Übergang zu deiner Haut die Ränder so dünn wie möglich zu halten.

2 Platziere die Zähne aus Polymorph auf der Maske. Setze diese so auf, dass sie nicht mit ihrer kompletten Fläche aufliegen, da der Augenbereich (für die Sicht) nach dem Trocknen ausgeschnitten wird.

3 Mit einem Silikonpinsel, Flüssiglatex und Latexpaste die Berührungspunkte zwischen der Maske und den Zähnen ausbessern und verstärken. Hast du zu wenig Platz zum Eindrücken, trage Latexpaste auf den Zahn auf und arbeite ihn in die Maske ein. Lass die Prothese über Nacht trocknen.

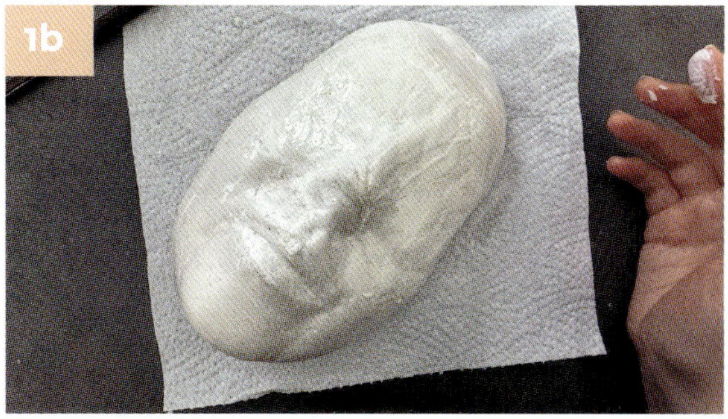

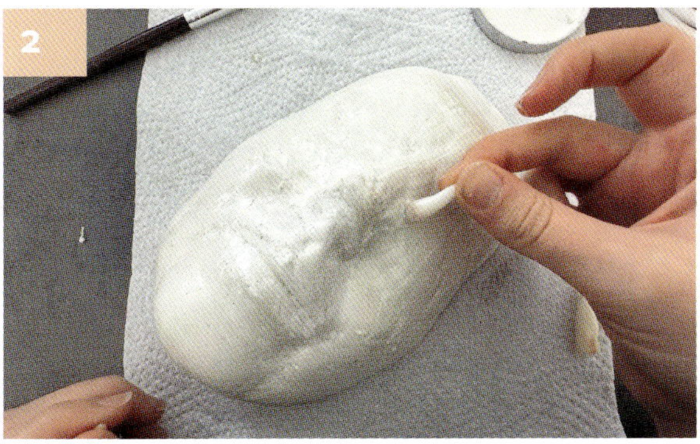

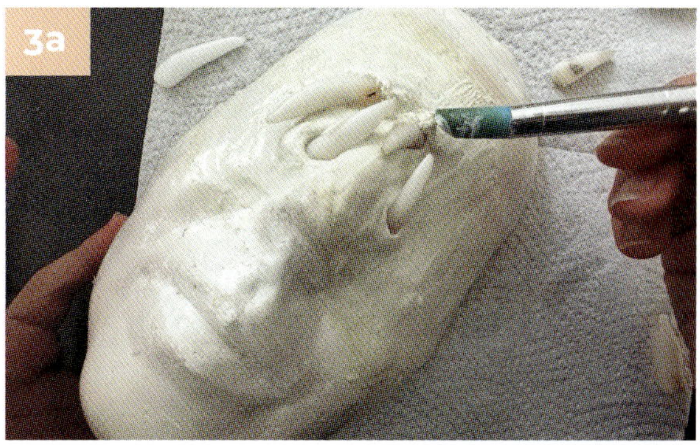

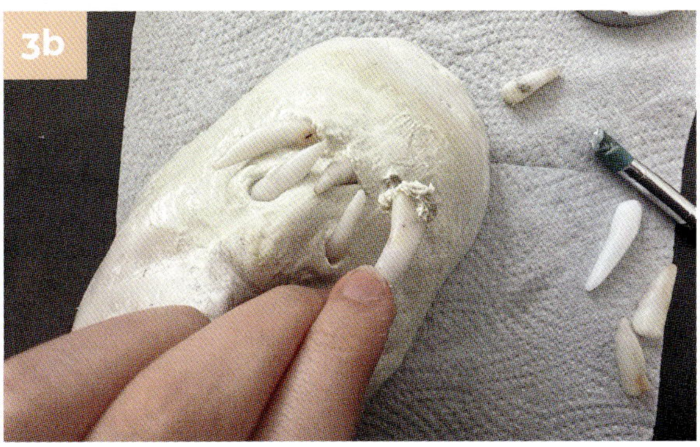

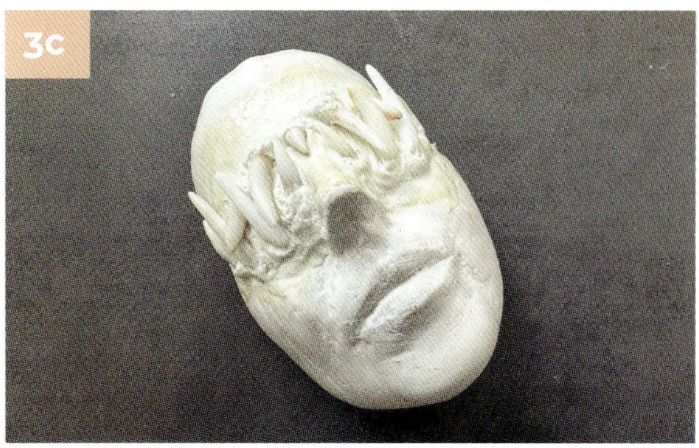

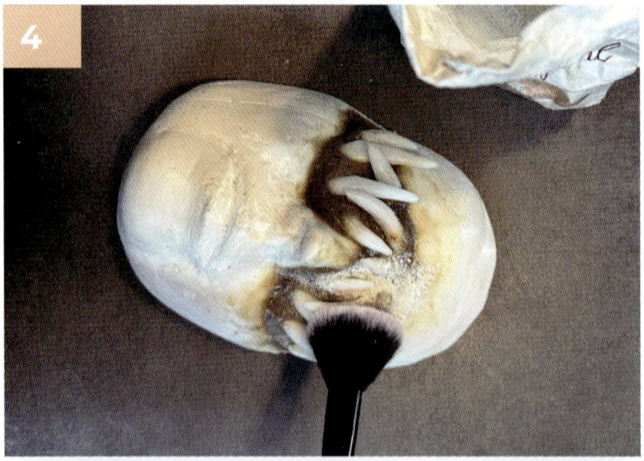

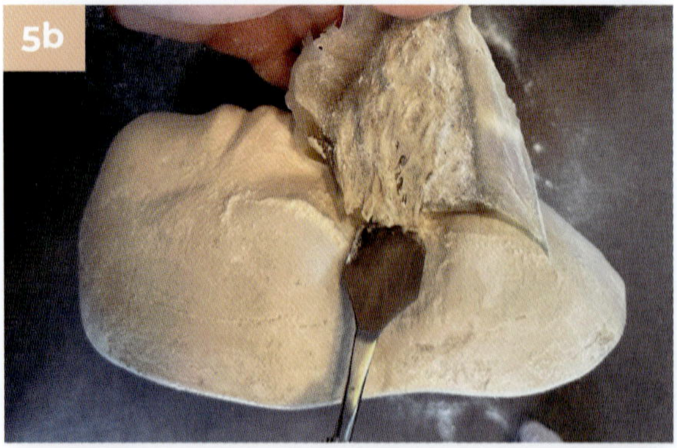

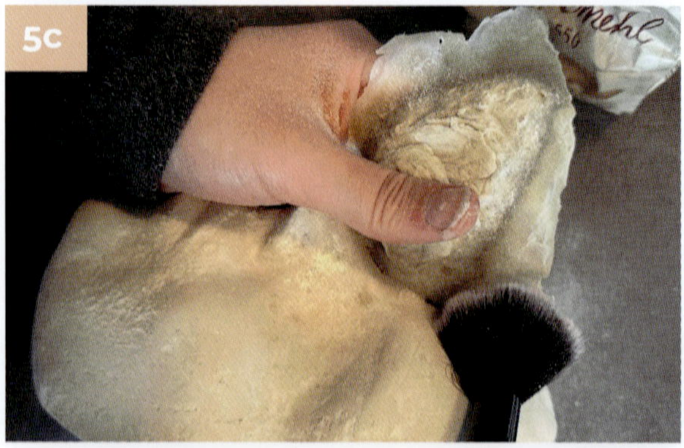

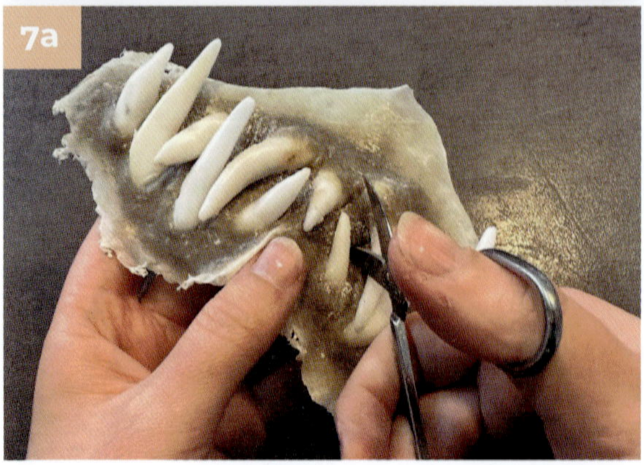

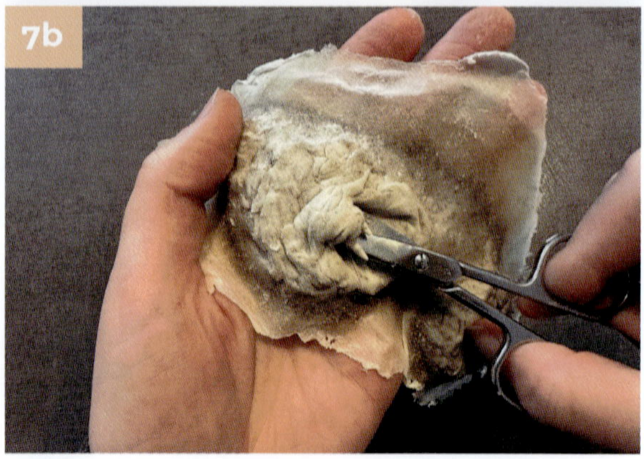

4 Damit die Prothese nach dem Trocknen nicht an sich selbst klebt, nimm etwas Mehl mit dem Pinsel auf und pudere die Prothese damit ab.

5 Suche vorsichtig am Rand der Prothese nach einer dünnen Stelle und ziehe die Prothese langsam vom Face Cast. Pudere mit Mehl die Innenseite der Prothese ab, um auch dort ein Verkleben zu verhindern. Benutze den schmalen Spachtel, um alles vorsichtig vom Face Cast zu lösen. Ist die Masse noch zu feucht, einen Föhn verwenden. Ist die Prothese abgenommen, pudere die Rückseite noch einmal komplett ab.

6 Ist dir ein Zahn abgefallen, lässt er sich mit etwas Latex wieder ankleben. Reinige dein Face Cast von Kleberresten.

7 Schneide mit der Nagelschere vorsichtig zwischen einer der Zahnlücken durch die Maske hindurch. Merke dir die Einstichstelle auf der Rückseite. Anschließend schneide auf der Rückseite nach und nach

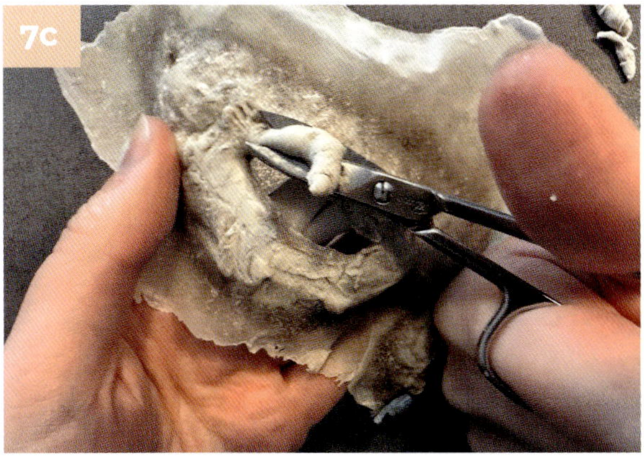

7c

8a

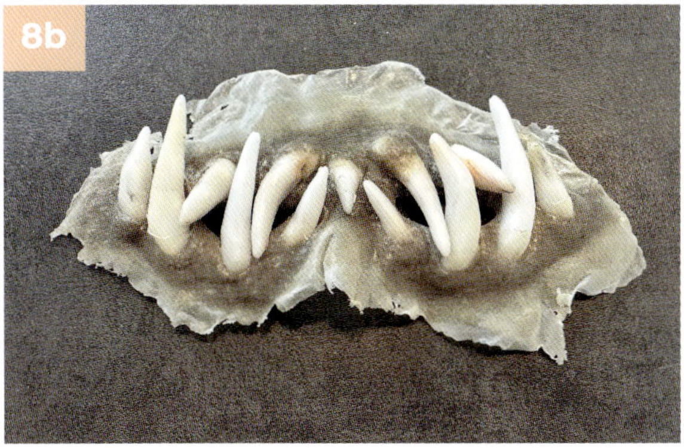

8b

10a

10b

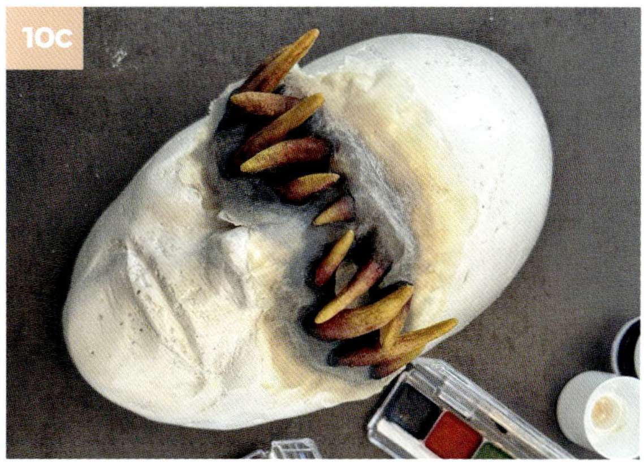

10c

die überschüssige, getrocknete Latexpaste ab. Achte darauf, nur die Augen freizuschneiden und nicht zu nah an die Zähne zu gelangen.

8 Prüfe, ob sich die Maske gut auf deinem Gesicht anfühlt oder ob es noch störende Stellen gibt, die du dann weiter wegschneidest.

9 Die Maske ab hier wieder auf das saubere Face Cast legen. Prüfe, ob alle Zähne festsitzen. Wackelzähne vorsichtig abziehen und mit Flüssiglatex erneut befestigen. Besser jetzt als später, wenn deine Sicht eingeschränkt ist. Entferne mit einem feinen, sauberen Pinsel die Mehlreste.

10 Jetzt die Zähne und den mittleren Bereich der Maske anmalen: Den Bereich der Augen dunkel bemalen. Die Zähne gelblich aussehen lassen und mit etwas Rot schattieren. Ich benutze alkoholbasierte Farben, da sie am längsten halten. Du kannst aber auch wasser- oder ölbasierte Farben nutzen.

LOOK

1 Prüfe erneut, ob die Prothese gut sitzt. Schneide überschüssige Ränder ab.

2 Klebe deine Augenbrauen ab (S. 28) und creme deine Wimpern vorsichtig mit Vaseline ein, um sie vor Latex zu schützen. Male den Bereich deiner Augen mit schwarzer wasserbasierter Farbe an. Schwärze deine Wasserlinie mit einem Kajal und pudere den schwarzbemalten Bereich mit schwarzem Lidschatten ab. Prüfe, dass das Schwarz nicht über den Maskenrand ragt.

3 Gib wenig Latex auf den äußeren Rand der Maske. Nicht zu viel, damit keine Gefahr besteht, dass Latex ins Auge fließt. Trage auch eine dünne Schicht Latex auf deinen abgeklebten Augenbrauen und deinem Nasenrücken auf. Lege die Maske vorsichtig an. Wenn du dir sicher bist, dass die Maske richtig sitzt, drücke sie vorsichtig an und halte sie einen Moment fest.

4 Verbinde die Maske mit Hilfe von Latex mit deiner Haut. Lass die Schicht dünn auslaufen, damit der Rand der Maske nicht zu auffällig ist. Gibt es bei deiner Maske eine Lücke zwischen der Nase und der Maske, fülle sie mit Watte auf und trage etwas Latex auf, sodass sich Maske und Haut verbinden. Lass es trocknen.

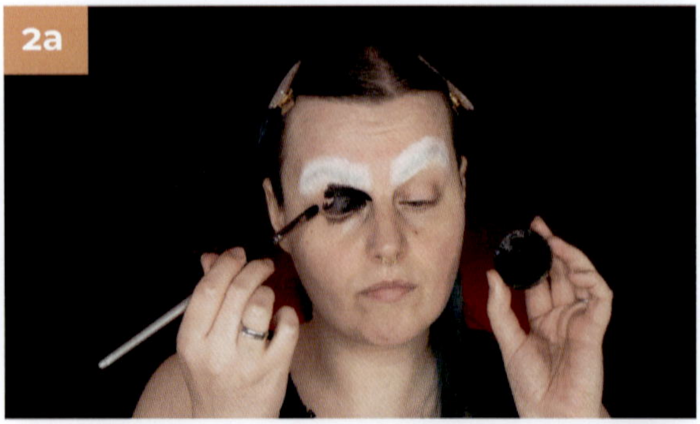
2a

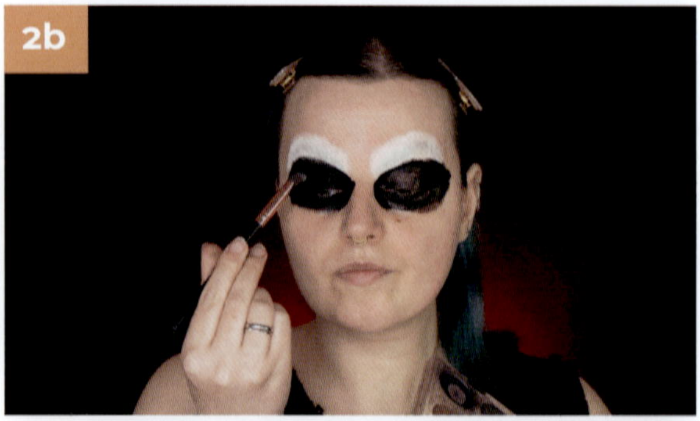
2b

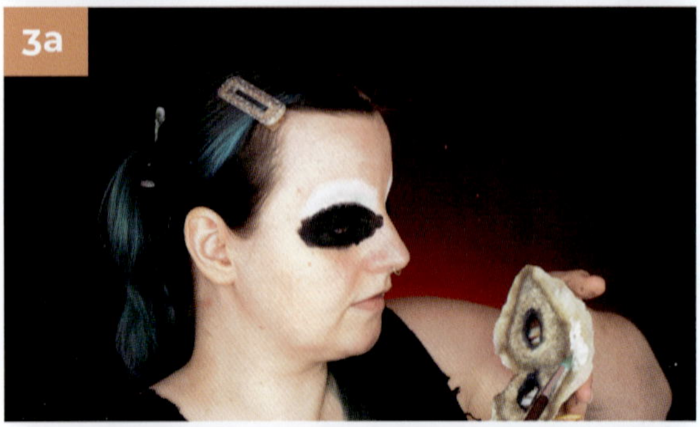
3a

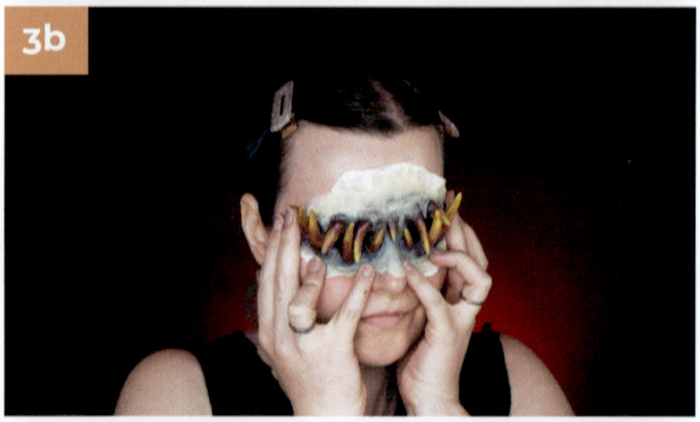
3b

4a

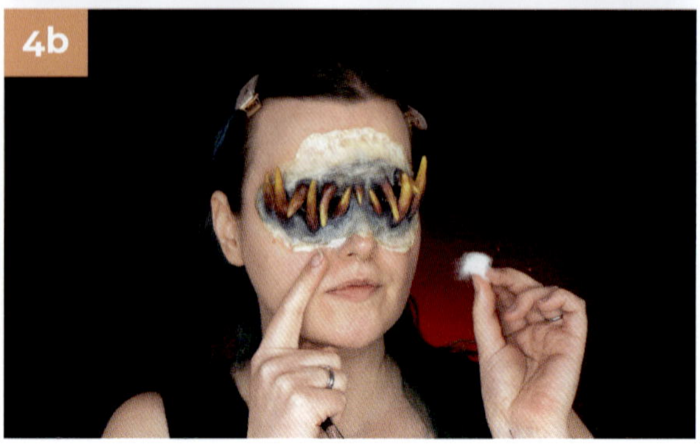
4b

5 Wenn der Latex ganz trocken ist, pudere die Stellen leicht ab. Nun das restliche Make-up ergänzen. Benutze Foundation und Cremefarbe, um einen Übergang zwischen Maske und Haut zu schaffen. Am Rand der Maske darf die Farbe etwas bräunlicher sein. Evtl. einen Schwamm benutzen. Schminke deinen Mund „kränklich“.

6 Trage mit einem schmalen Spachtel dickflüssiges Fake-Blut auf das Zahnfleisch und auf die Zähne auf. Achte darauf, nicht zu tief in die Maske bzw. zu nah an deine Augen zu kommen! Benutze einen Stoppelschwamm, um Blutspritzer zu erzeugen. Schaffe einen Blutverlauf um den Rand der Maske herum, unterhalb und oberhalb der Zähne. Verteile Fake-Blut an der Innenseite des Maskenrandes. Am Schluss noch etwas Fake-Blut am Hals auftragen.

TIPP: Lass dich von der Vorbereitungszeit nicht abschrecken. Die DIY-Prothese braucht 30–60 Minuten. Das Trocknen der Latexpaste benötigt relativ viel Zeit. Daher die DIY-Prothese mindestens einen Tag vorher fertigen.

ACHTUNG: Dieser Look schränkt deine Sicht während des Tragens ein!

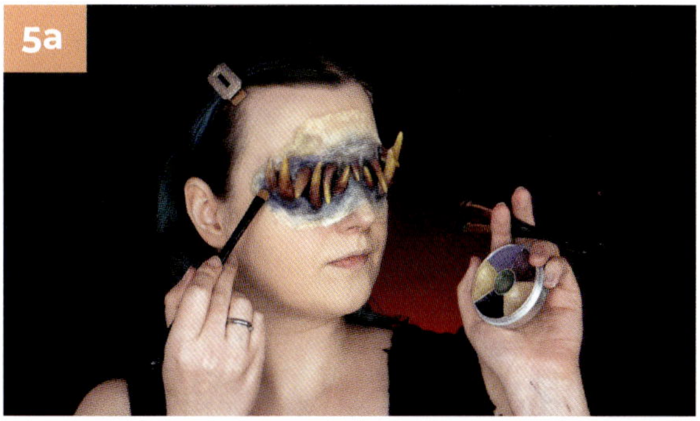
5a

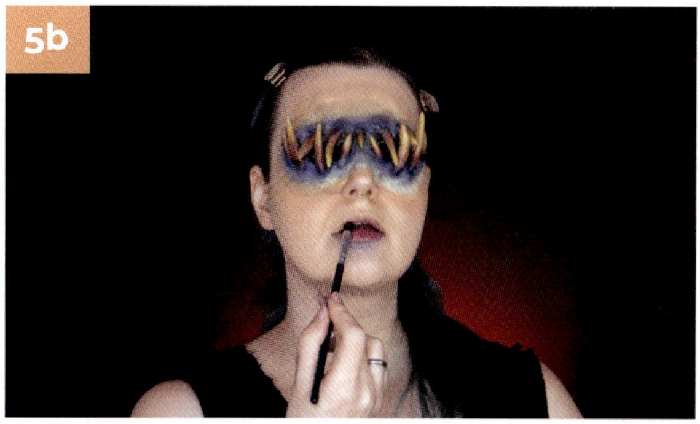
5b

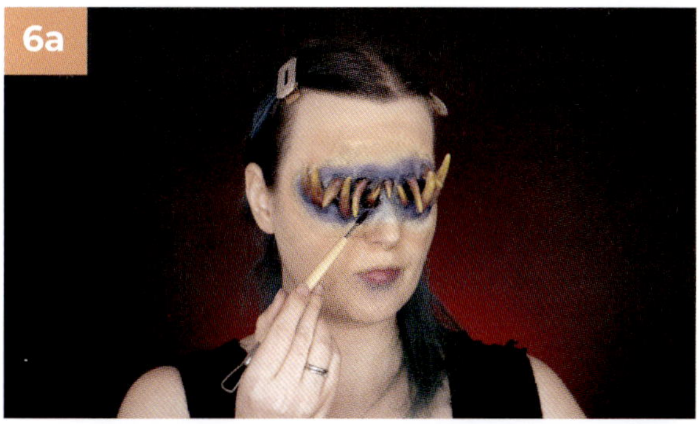
6a

6b

6c

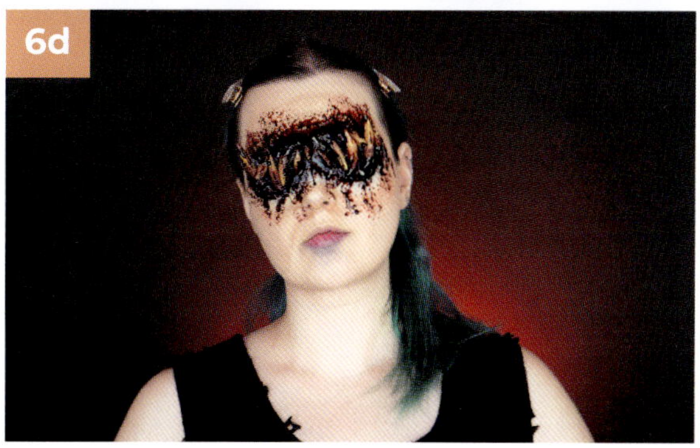
6d

Face-Casts

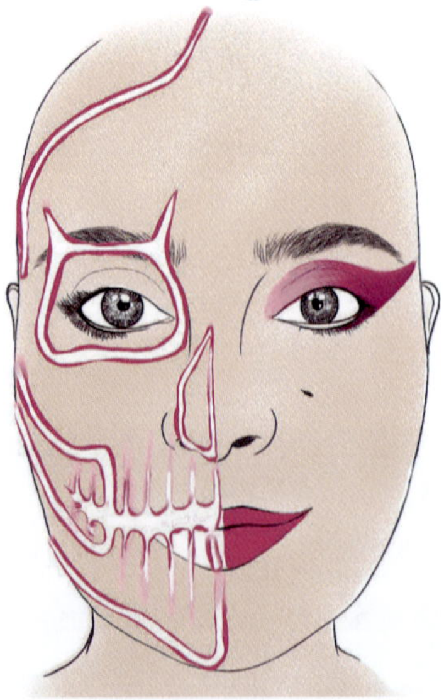

Neon Skull, Seite 74

Schildmaid, Seite 76

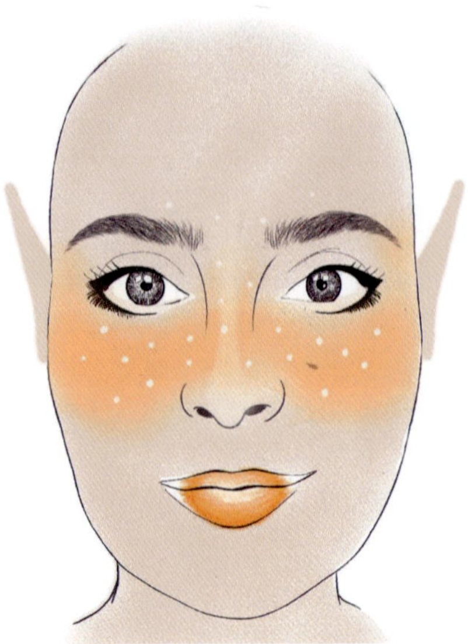

Elfe, Seite 79

Schlangenmensch, Seite 83

Festival, Seite 86

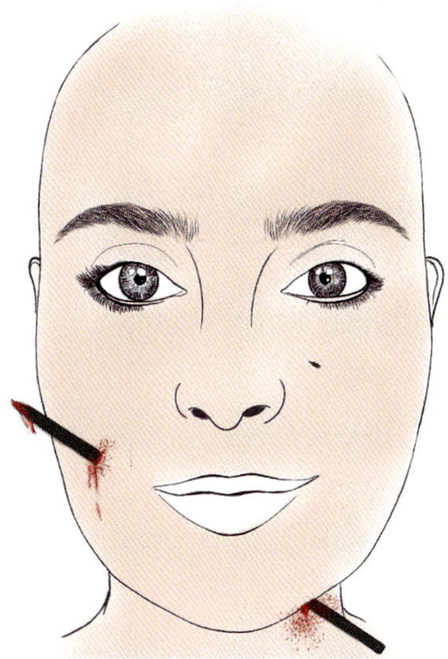

Stift, Seite 90

Liebesträumerin, Seite 94

Gesichter, Seite 99

Schmetterling, Seite 104

Blauer Dämon, Seite 108

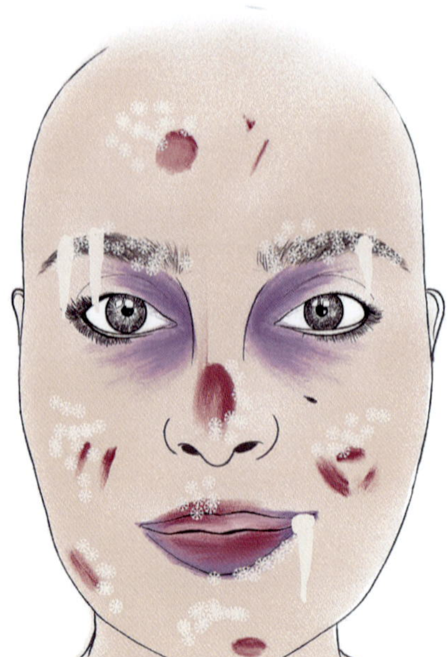

Eiskalt, Seite 113

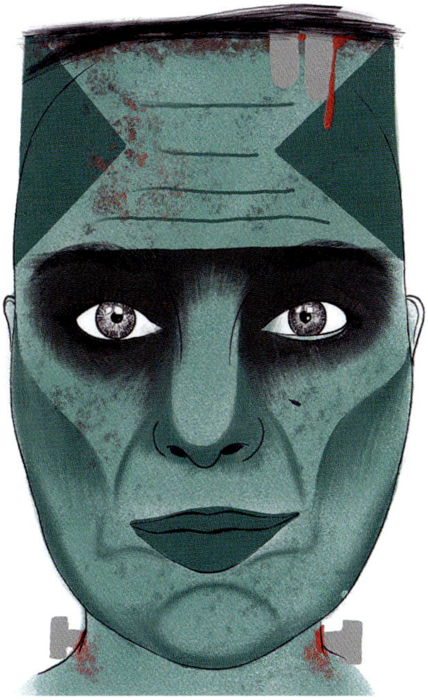

Frankenstein, Seite 118

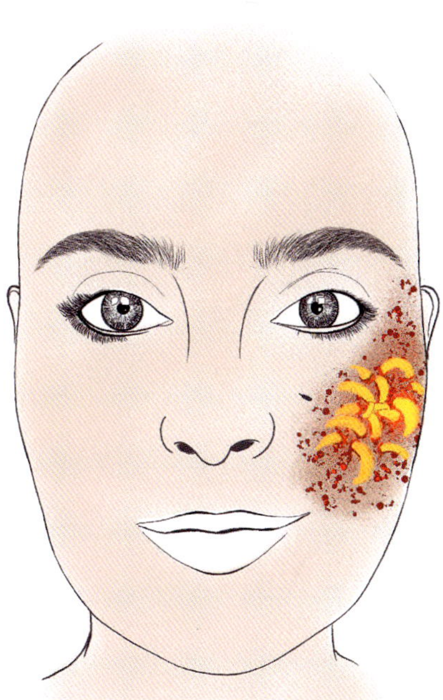

Wurm, Seite 123

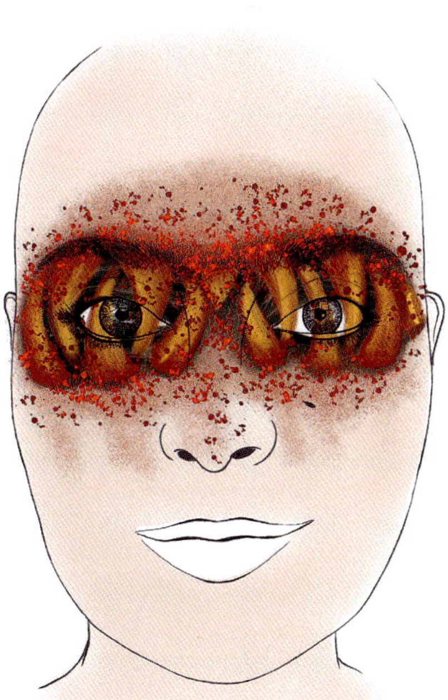

Bissig, Seite 128

Buchempfehlungen für Dich

ISBN 978-3-7358-9114-3

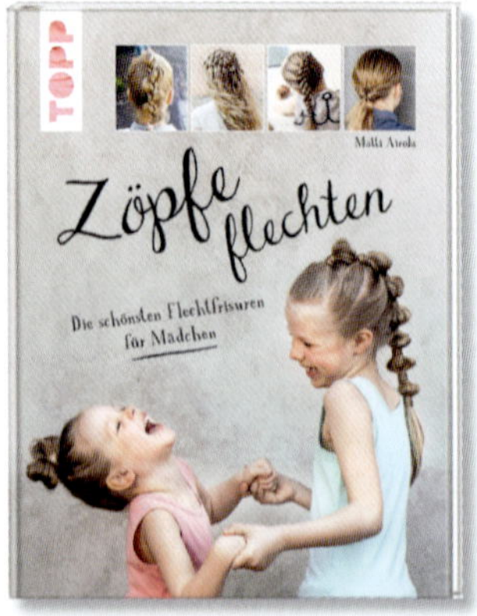

ISBN 978-3-7724-7830-7

ISBN 978-3-7724-4203-2

ISBN 978-3-7358-7115-2

ISBN 978-3-7358-5269-4

ISBN 978-3-7358-9015-3

ISBN 978-3-7358-8115-1

ISBN 978-3-7358-9062-7

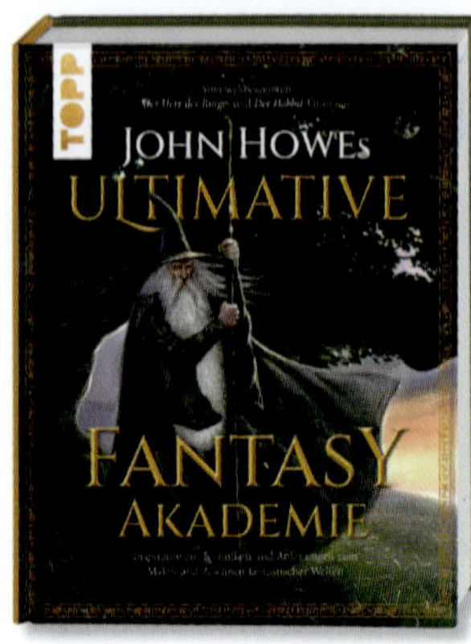

ISBN 978-3-7358-8021-5

Viele weitere Bücher findest du auf www.TOPP-kreativ.de

#TOPPPROJEKT

Die eigene Kreativität zeigen: TOPPprojekt mit anderen Kreativen teilen und Teil der Gemeinschaft werden.

DIY-begeistert und auf Instagram? Dann unbedingt mitmachen! Hier gibt's Tipps und Feedback zu den eigenen Projekten. Außerdem verlosen wir jeden Monat ein Überraschungspaket. Um am Gewinnspiel teilzunehmen, einfach ein Bild vom Kreativ-Projekt aus unseren Büchern mit #TOPPprojekt posten und unserem Account @frechverlag folgen. Mehr Infos auf TOPP-kreativ.de/TOPPprojekt

Website
Auf TOPP-kreativ.de kannst du ein riesiges Angebot von über 1.000 Kreativbüchern, Sets & mehr entdecken.

Newsletter
Gleich anmelden unter: TOPP-kreativ.de/newsletter und immer als Erstes von unseren Neuheiten und Sonderaktionen erfahren.

Instagram
@frechverlag

Pinterest
pinterest.com/frechverlag

Facebook
facebook.com/frechverlag

DigiBib
Hier findest du zusätzlich zu vielen unserer Bücher digitale Extras, wie Video-Tutorials, Plotter-Dateien, Vorlagen, Übungsblätter & vieles mehr. Einfach im Impressum deines TOPP-Buchs den Freischalte-Code nachschlagen und exklusive Inhalte freischalten. TOPP-kreativ.de/digibib

Youtube
youtube.com/frechverlag

Über die Autorin

Jennifer Brinker, geboren 1991, arbeitete einige Jahre als Finanzbuchhalterin, bis der Job sie ins Burnout trieb und sie ihre kreative Seite entdeckte. In Livestreams und Video-Tutorials teilt Jenny aka @unwissend_schoen nun in den sozialen Medien ihre Leidenschaft für Make-up, SFX und DIY. Ende 2023 eröffnete sie ihren eigenen Online-Shop (shop.unwissend-schoen.de) für Face- und Bodypaintfarben sowie Make-up-Tools. Wenn du mehr über Jenny erfahren möchtest und neugierig auf weitere Looks und Tutorials bist, schau gern auf Instagram, Tiktok und YouTube vorbei.

TOPP – UNSERE SERVICEGARANTIE

WIR SIND FÜR DICH DA! Bei Fragen zu unserem umfangreichen Programm oder Anregungen freuen wir uns über deinen Anruf oder deine Post. Lob uns, aber scheue dich auch nicht, deine Kritik mitzuteilen – sie hilft uns, ständig besser zu werden.

Bei Fragen zu einzelnen Materialien oder Techniken wende dich bitte an unseren Kreativservice.

hilfe@frechverlag.de
Telefon 0711/123 757 20

Das Produktmanagement erreichst du unter:

pm@frechverlag.de

oder:

frechverlag
Produktmanagement
Dieselstraße 5
70839 Gerlingen
Telefon 0711/ 8 30 86 68

Impressum

FOTOS und TEXT: Jennifer Brinker
PRODUKTMANAGEMENT: Lara Franke
LEKTORAT: Susanne Dubbers
COVERGESTALTUNG: Eva Hook
HERSTELLUNG: Jessica Siebert
LAYOUT: Jessica Siebert
SATZ: DSR Werbeagentur Rypka GmbH
DRUCK und BINDUNG: BALTO print, Litauen

1. Auflage 2024

ISBN 978-3-7358-5306-6 · Best.-Nr. 25306

MIX
Papier aus verantwortungsvollen Quellen
FSC® C107574
FSC
www.fsc.org

Penguin Random House
Verlagsgruppe
FSC® N001967